AF389304

LA
FEMME JALOUSE,
COMÉDIE.

LA FEMME JALOUSE,

COMÉDIE

EN CINQ ACTES ET EN VERS,

PAR M. DESFORGES.

Représentée pour la première fois par les Comédiens Italiens ordinaires du Roi, le Mardi 15 Février 1785 ; & à Versailles, le 11 Mars suivant, devant LEURS MAJESTÉS.

Le Prix est de trente sols.

A PARIS,

Chez PRAULT, Imprimeur du Roi, quai des Augustins, à l'Immortalité,

---

1785.

A MONSIEUR

ANTOINE PETIT,

Docteur en Médecine de la Faculté de Paris, Professeur d'Anatomie au Jardin du Roi, ancien Inspecteur des Hôpitaux Militaires du Royaume, Membre des Académies des Sciences de Paris & de Stokolm, &c.

Mon bon ami,

Je puis donc vous le donner publiquement ce nom précieux, le premier que bégaya mon enfance, & auquel la reconnaissance a si tendrement accoutumé ma bouche & mon cœur. Je puis vous le donner dans un moment où je suis moins indigne de le prononcer ; dans l'instant flatteur où l'un de mes Essais dramatiques est honoré de l'accueil le plus encourageant.

Votre tendre & prudente amitié me préparait un heureux avenir dans une carriere plus utile sans doute, & au moins aussi irritante que celle du Théâtre ; je verse des larmes de sang, quand je songe à la légéreté cruelle avec laquelle j'ai trahi votre douce espérance : mais l'âge amène des réflexions. Je vous aimais toujours trop pour ne pas desirer que vous m'aimassiez. De maniere ou d'autre, il fallait chercher à le mériter. Il fallait payer ma dette à la société, ainsi qu'à l'amitié.

Ce que je n'ai pu comme élève d'Esculape, je l'essaye comme nourri de Thétis. Puisse mon zele pour l'une, vous faire oublier mon imprudente froideur pour l'autre. Je servirai ma Muse avec d'en plus d'ardeur si vous approuvez mon attachement nouveau, & j'ose compter sur son secours si vous daignez accorder le vôtre aux efforts que je ... pour les meilleurs vœux d'un...

Je ... de la plus respectueuse tendresse & la plus haute amitié ...

MON BON AMI,

Votre ... serviteur
DELACROIX,

PRÉFACE.

Ce n'est ni à la Femme-Jalouse anglaise
de M. Georges Colman, ni à celle de
Riccoboni, pere, ni à celle de Jolly,
imitée en vers français du canevas italien
de ce dernier, ni à la Jalouse en cinq Actes d'un anonyme de Nanci que je dois
l'idée de l'Ouvrage que j'offre aujourd'hui
au Public. On s'est trompé en le disant &
en l'imprimant.

Celui qui a confessé qu'il devait à Fielding tout le mérite de Tom Jones à Londres, aurait avoué & indiqué ce qu'il aurait emprunté aux Ouvrages qu'il vient de
nommer. La confrontation fera la preuve
la plus sûre, & elle sera facile à ceux qui
voudront venir la faire chez moi ; car j'ai
les Ouvrages mêmes, ou les extraits de

ceux que je n'ai pu garder ou acquérir. Mon plan était fait lorsque je commençaï la recherche des Comédies anciennes qui portaient le même titre. Cette recherche me fut à-la-fois utile & agréable, car en me faisant connaître de très-bonnes Comédies que j'ignorais, elle m'instruisit; & en me prouvant que toutes mes idées étaient à moi, elle me tranquillisa. Deux ou trois passages seuls, mais si naturels qu'ils devaient venir d'eux-mêmes à l'imagination de quiconque aurait voulu traiter ce sujet, sont le plan d'autorité, tracé par d'Orsan à sa femme vers la fin du troisieme Acte, le feint évanouissement qui suit, & le mot de la quatrieme Scene du quatrieme Acte, *les vapeurs sans témoins.* Ils sont à moi comme à M. Colman, & je les ai laissés d'autant plus volontiers que j'étais fier de cette ressemblance avec cet illustre Auteur. Si j'ai eu le bonheur de me rencon-

trer plus parfaitement avec lui , c'eſt plutôt dans mon Tom-Jones à Londres ; &
la raiſon en eſt, que le ſublime Roman de
Fielding eſt la ſource où nous avons puiſé
tous deux , lui *ſa Femme-Jalouſe* , moi *Tom-
Jones*.

Un autre bruit s'eſt répandu : ma Piece,
dit-on, a été lue & refuſée aux Français ;
je n'entends autour de moi que cette aſ-
ſertion, bien gratuite aſſurément.

Ma Piece n'a point été lue aux Français
& ne devait pas l'être. Les raiſons qui m'at-
tachent au Théatre italien ſont connues
& faites pour être approuvées de tout le
monde.

D'ailleurs en rendant juſtice de tout mon
pouvoir aux vrais talens du Théatre natio-
nal , j'avoue que je n'ai rien à regretter.

Les Journaux, en me traitant avec une indulgence marquée, ont rendu justice aux Acteurs, & m'ont dérobé la douceur de répéter ce que leur zèle & leurs talens m'avaient inspiré. Ces estimables Acteurs me connaissent assez pour savoir combien je suis sincère quand je leur attribue la meilleure partie d'un succès qu'ils ont décidé, & que je n'eusse pas obtenu tout seul.

Après avoir payé le tribut de reconnaissance que je dois à tous ceux qui ont bien voulu écrire avantageusement de mon Ouvrage, je me permettrai de répondre en peu de mots à quelques reproches qui m'ont été faits, & que je ne crois pas avoir tout-à-fait mérités. La partie du style qu'on accuse d'être négligée, est peut être celle qui m'a le plus coûté pour y mettre cet abandon, qu'on appelle négligence,

& qui eſt, à mon ſens, le cachet du naturel. Je ne dirai rien de plus ſur cet article.

La faibleſſe du moyen, né du ſerment
de Dorſan, paraît un reproche plus grave.
On ajoute que Dorſan, comme citoyen,
n'a pas dû ſe taire, encore moins comme
pere : on parle des droits des enfans quel-
conques, droits fixés par les loix. Je réponds à cela que le premier mariage de
Dorſan eſt un mariage forcé, que la loi
n'autoriſe point, & qu'un enfant né dans
de pareilles circonſtances, peut bien demander une penſion alimentaire que la loi
lui accorde, parce qu'étant né il faut qu'il
vive ; mais que les droits de citoyen lui ſont
conteſtés : mille & mille procès en fourniſ-
ſent la preuve. Dorſan comme citoyen,
a donc dû cacher Clemence : comme pere,
il a dû en prendre ſoin, c'eſt ce qu'il a
fait. Quant au ſerment, tant de moyen

faible, je ne fais s'il exifte au monde une chofe plus facrée qu'un ferment, ou pour mieux dire, je fuis averti par ma confcience que rien n'eft plus refpectable. Mais mettant de côté cette précieufe religion du ferment, un de mes amis, plaidant chaudement cette caufe, m'a fourni la réponfe fuivante : Qu'Amenaide dife que c'eft à Tancrède & non à Solamir qu'elle a écrit; que Zaïre nomme Néreftan fon frere; que Nanine déclare que c'eft à fon pere qu'elle envoie les préfens du Comte, que deviendront ces trois fublimes Ouvrages ? Mon ami a fi bien répondu que je n'ai rien à ajouter. Si ces réticences font un défaut, c'eft un défaut bienheureux pour nous; & il me ferait bien doux de pouvoir pécher ainfi.

Refte le plus férieux de tous les reproches, ce qu'on appelle le grand vice de la

Pièce : c'eſt que la femme jalouſe a toujours l'apparence pour elle. Je pourrais
dire d'abord que l'apparence n'eſt pas pour
elle dans l'affaire de Juſtine, & que ſa
paſſion, déja miſe en jeu par la boîte
d'or, lui fait voir un crime dans la choſe
du monde la plus innocente. Mais ce qu'on
regarde comme le grand vice de la Pièce
(quel eſt donc l'aveuglement d'un pere ?)
j'oſerais le regarder, moi, comme la baſe
de ſon mérite, ſi elle en avait.

En effet, jalouſe ſans aucune apparence, Madame Dorſan ferait une force-
née dégoûtante, une mégere à enfermer,
& dont on ne pourrait pas ſupporter la
préſence deux minutes au Théâtre. Que
voulais-je ? la corriger. Que fallait-il pour
y parvenir ? commencer par la rendre in-
téreſſante. Par quels moyens ? en ne mettant de ſon côté que le tort de mal voir

des choses innocentes en elles, mais qui pouvoient & devaient être mal interprêtées par une femme prévenue & passionnée. Une fois instruite à fond, elle se corrige. Pourquoi, dira-t-on, ne pas l'instruire tout de suite ? Parce qu'aux grands maux il faut de violens remèdes ; parce que (le ferment à part) l'occasion de l'arrivée de Clémence est le quinquina qui doit guérir la fièvre. Dorsan & sa femme sont les malades, d'Aranville est le Médecin, & Clémence le remède salutaire, dont il se sert à propos pour amener la guérison. Tout cela m'a paru dans l'ordre.

Je ne suis point le Chevalier de mon Ouvrage. J'ai pu me tromper ; mais il me restera toujours la douceur d'avoir voulu bien faire, le souvenir des bontés inestimables du Public, & le courage qu'elles ont dû naturellement m'inspirer, & qui

me servira à faire de nouveaux efforts pour
m'en rendre plus digne.

Fin de la Préface.

PERSONNAGES.	ACTEURS.
Mme. DORSAN, femme jaloufe.	Mme. FORGEOT.
M. DORSAN, fon mari.	M. GRANGER.
EUGÉNIE, leur fille.	Mlle. CARLINE.
CLÉMENCE, fille de M. Dorfan, née d'un mariage fecret.	Mlle. PITROT.
M. D'ARANVILLE, ami de Dorfan, & tuteur de fa femme.	M. DE COURCELLE.
M. DE FERVAL, neveu de d'Aranville, & amant d'Eugénie.	M. REYMOND.
GERVAIS, vieux domeftique de Dorfan.	M. FAVARD.
JUSTINE, fa fille, gouvernante d'Eugénie.	Mlle. DUFAYEL.
BLAISOT, valet de M. Dorfan.	M. VALROY.
UN VOITURIER.	M. CORALY.

La Scène eft à Paris, chez M. Dorfan.

LA FEMME JALOUSE,
COMÉDIE.

ACTE PREMIER.

Le Théâtre repréfente un Sallon, où fe trouve, entr'autres meubles, un fecrétaire, dont la clef eft après. Trois portes, une au fond donnant fur la perfpective du Jardin ; deux latérales : l'une celle de l'appartement de Madame Dorfan, à droite de l'Acteur ; l'autre à gauche, celle de l'appartement de Monfieur Dorfan. Il n'eft pas encore tout-à-fait jour.

SCENE PREMIERE.

Madame DORSAN, *feule, appuyée contre le fecrétaire.*

IL eft rentré fort tard, — affurément pour caufe.—
Quelque nouvelle intrigue, — & pourtant il repofe.—
Il peut dormir ; — & moi, victime de l'amour,
Victime de l'hymen, je pleure nuit & jour.

(Elle fe leve.)

A

C'eft trop long-tems gémir d'une auffi rude épreuve.
Quoi! toujours des foupçons, & jamais une preuve!
J'en aurai.—   (*Elle retourne au fecrétaire.*)
        Qui verrait ce fecrétaire ouvert,
Croirait voir de Dorfan le cœur à découvert.—
Eh bien! cet abandon comble ma défiance:
Ce n'eft qu'un faux témoin de fa fauffe innocence,
C'eft un raffinement, une rufe de plus.
Voyons.
        (*Elle ouvre le fecrétaire & les tiroirs.*)
        Si mes efforts, tant de fois fuperflus,
Allaient enfin; — que dis-je! O malheureufe époufe!
Si douloureufement, fi juftement jaloufe!
En vain de ton ingrat tu cherches les fecrets:
Les maris criminels font des amans difcrets;
Voilés par le même art qui trame nos difgraces,
Leurs forfaits ténébreux ne laiffent point de traces.
Fermons.--Si cependant.--Quel trouble! quels combats!
Ah! contre mon malheur en vain je me débats;
Je veux tout voir.— O ciel! qu'eft-ce que je découvre!
Sous l'effort de ma main, un double fond qui s'ouvre!

    (*Avec réflexion.*)   (*Elle cherche.*)

Perfide invention! Quoi! rien! —- cherchons encor.
Ah! je crois pourtant; — oui, —- c'eft une boîte d'or;
Et la boîte, à coup fûr, cachant quelque myftere,
Aura fon double fond comme le fecrétaire.
        (*Elle tourne & retourne la boîte.*)
Myftere affreux! bientôt tu feras éclairci.

SCENE II.

Mad. DORSAN, JUSTINE, GERVAIS,

JUSTINE.

AH! Madame, pardon.

Mde. DORSAN, *troublée.*

Que faites-vous ici?

JUSTINE.

Madame, dans l'inftant, j'arrive avec mon pere,
Qui vient me voir.—- Je fors.—

Mad. DORSAN, *avec aigreur.*

Non, demeurez.— J'efpere
Que l'on fe laffera d'épier tous mes pas,
Et qu'on n'entrera plus quand je n'appelle pas.
Si l'on me demandait, je n'y fuis pour perfonne.
(*Elle rentre chez elle.*)

SCENE III.
GERVAIS, JUSTINE.

JUSTINE.

EH bien! vous le voyez : Madame me soupçonne
De l'épier, tandis que du matin au soir,
Guettant, observant tout, elle voit tout en noir.
Enfin, de la maison je vais sortir peut-être.

GERVAIS.

Comment donc?

JUSTINE.

A vous seul je puis faire connaître
L'erreur de ma maîtresse & son injuste effroi.
Sachez que ses soupçons s'étendent jusqu'à moi.
Du Couvent où j'étais, près de Mademoiselle,
Je suis depuis trois mois revenue avec elle.
Ma présence a déplu beaucoup.— A chaque instant,
C'est quelque propos dur, quelque nom insultant;
De moi-même, à la fin, je me ferais bannie;
Mais les bontés du pere, & ma chere Eugénie,
Malgré ce que je souffre à me voir maltraiter,
Pour quelque tems encor m'ont contrainte à rester.

GERVAIS.

Ne souffre point d'affront;—viens plutôt chez ton pere.

SCENE IV.

Les Précédens, BLAISOT.

BLAISOT.

(Familiairement à Justine.)

AH! le voilà trouvé pourtant.—Bon jour, ma chere.

JUSTINE.

Trouvé— Qui?

BLAISOT, *frappant sur l'épaule de Gervais.*

Le Papa.

GERVAIS.

Vous venez de chez moi?

BLAISOT.

Oui.

GERVAIS.

Pourquoi?

BLAISOT.

C'est Monsieur qui vous dira pourquoi.
Hier, il est rentré pas mal tard de la ville.
Il m'a dit: — Vous irez chez Monsieur d'Aranville,
Le sévere tuteur? ai-je dit. — Bon! — j'y vais.
Non, — demain, a-t-il dit, & de-là chez Gervais

Je leur veux à tous deux parler de très-bonne heure.
Fort bien : — près de l'ami, le cher papa demeure.
J'ai couru chez l'ami, puis j'ai passé chez vous ;
Personne— & je crois bien, car vous étiez chez nous.

GERVAIS, à Justine.

Tu ne devines pas ce que me veut mon maître ?

JUSTINE.

Non.

BLAISOT.

Bah ! vous badinez : si vous vouliez, peut-être
Vous devineriez bien ; mais moi, qui suis sorcier,
Je devine (entre nous) qu'il veut vous marier.

JUSTINE.

A qui donc ?

BLAISOT.

Pour le coup, devinez la premiere.

JUSTINE, souriant.

Mon cher ami Blaisot, je ne suis pas forciere.

BLAISOT.

Mon cher ami Blaisot : vous avez deviné.

GERVAIS.

Comment donc ?

BLAISOT.

Ecoutez.— J'ai bien imaginé

Qu'en voyant un garçon, d'une humeur joviale,
Jeune, allez bien tourné, l'ame franche, loyale,
Un bon garçon, enfin; vous diriez à part vous,
Voilà juste celui qu'il me faut pour époux;
Et j'ai dit à part moi, ce garçon, c'est moi-même:
Mais vous ne pouviez pas crier tout haut: je l'aime,
Et je veux l'époufer.— Eh bien! moi, qu'ai-je fait?
J'ai tout dit à Monfieur; hein!— D'un air fatisfait,
Dit-il, tu l'aimes donc? c'est bien; mais t'aime-t-elle?
J'ai dit oui.— J'ai bien fait, pas vrai, Mademoifelle?
Et Gervais? — Qui? le pere? Ah! je fuis fûr de lui.
Qu'il vienne ici demain; — demain c'est aujourd'hui,
Et— chut! voilà mon maître;
(à Gervais, en lui ferrant la main.)
Il va parler, j'efpere,
De façon qu'avant peu vous ferez mon beau-pere.

S C E N E V.

Les Précédens, M. DORSAN, rêveur, une
lettre à la main.

M. Dorsan, à part, fans les voir.

Cette lettre m'accable.— O ciel! est-il permis,
Qu'au bout de dix-huit ans.— (Il les voit.)
Ah! bon jour, mes amis,
Gervais, je t'attendais.

A iv

BLAISOT, *à part, à Gervais.*

Pour l'objet.

GERVAIS.

Mon cher maître, —
Ordonnez.

BLAISOT, *à M. **Dorsan**, montrant Justine.*

Vous savez— je vous ai fait connaître...

M. DORSAN.

Bon !

BLAISOT.

Vous pouvez parler, nous sommes tous d'accord.

M. DORSAN.

J'y penserai.

BLAISOT.

Monsieur, vos affaires d'abord ;
C'est trop juste.

M. DORSAN.

Blaisot ?

BLAISOT.

Monsieur ?

M. DORSAN.

Et d'Aranville ?

BLAISOT.

Ah ! ah ! je n'ai pas fait ma course en imbécille.
Je ne dis jamais rien ; mais je vois tout le jeu.

M. D o r s a n.

Acheve.

B l a i s o t, *confidemment.*

Il va venir avec son cher neveu.

M. D o r s a n.

Son neveu! pourquoi faire?

B l a i s o t, *du même ton.*

Eh mais! le mariage.—
Ah! que j'ai bien compris le fin mot du meſſage.

M. D o r s a n.

Blaiſot, ſouviens-toi bien, pour la derniere fois,
Qu'obéir à la lettre, eſt tout ce que tu dois :
Tu ferais de ton chef quelques étourderies.

B l a i s o t, *avec confiance.*

Qui? moi? jamais.

M. D o r s a n.

C'eſt bon. Paſſe aux Meſſageries.
On attend aujourd'hui le carroſſe de Tours.
Dès qu'il arrivera, viens m'avertir.

B l a i s o t.

J'y cours.
(*Il revient.*)
A vos bontés, Meſſieurs, Blaiſot ſe recommande.
(*A Juſtine.*)
Vous que cela regarde, appuyez la demande.
(*Il ſort.*)

M. DORSAN.

Ce Blaifot eft vraiment un garçon fingulier :
Il fe mêle de tout, — il eft très-familier ;
Mais comme il a du zele & de l'intelligence,
A fes légers défauts je dois quelqu'indulgence.
     (*A Juftine.*)
Ma fille, ce matin, viendra-t-elle me voir,
Juftine ?

JUSTINE.

     Vous favez que fon premier devoir
Eft fon premier plaifir.— (*A part.*)
         Je fens que je les gêne :
     (*Haut.*)
Laiffons-les feuls ; — Monfieur, à l'inftant je l'amene.
         (*Elle fort.*)

SCENE VI.

M. DORSAN, GERVAIS.

M. DORSAN, *à baffe voix.*

AH çà, je t'ai mandé, je t'en dois la raifon.
Il faut, mon bon ami, me prêter ta maifon.

GERVAIS.

N'eft-elle pas à vous ?

M. DORSAN.

     Non, mon cher, c'eft la tienne.

A ta fille, après toi, je veux qu'elle appartienne.
C'eſt ſa dot.

G E R V A I S.

Mon bon maître, après tant de bienfaits,
Vous nous comblez encor !

M. D o r s a n.

Eh! mon pauvre Gervais,
Je m'acquitte bien mal ; — je te dois davantage.
Dans ton ſein, mon ami, tu portas mon jeune âge.
Songe qu'étant enfant, je t'avais pour appui.
Te voilà vieux; — eh bien! c'eſt mon tour aujourd'hui.
Bref— j'attends de province une jeune perſonne :
Je tremble qu'à Paris, *quelqu'un* ne la ſoupçonne :
Ne pouvant, ſans danger, la recevoir chez moi,
Je ne puis, mon ami, la confier qu'à toi.
(*Confidence ſombre.*)
L'intérêt que j'y prends n'a rien de comparable.
Penſe que de mon être elle eſt inſéparable,
Et ſur-tout qu'elle a droit au plus profond reſpeĉt.

G E R V A I S.

Ah! jamais rien de vous peut-il m'être ſuſpeĉt ?
J'obéis en aveugle ; — achevez de m'inſtruire.
Dois-je l'aller chercher ?

M. D o r s a n.

Non, j'irai la conduire.

GERVAIS.

C'eſt bon : je vous attends.——

(Il va pour ſortir.)

M. DORSAN.

Ecoute ; —— je voudrais

Un meuble ſimple & propre;——il faudra quelques frais,

(Il lui donne une bourſe.)

Tiens.—— Je crois qu'elle arrive aujourd'hui de bonne
heure,

Va vîte , & de ton mieux embellis ſa demeure.

(Gervais ſort.)

SCENE VII.

M. DORSAN, un moment ſeul, enſuite EUGÉNIE
& JUSTINE.

M. DORSAN.

LE funeſte moment ferait-il arrivé ?

Quoi! du plus doux plaiſir je me ferais privé

Dix-huit ans.——Un jour ſeul——il faut que je m'immole,

(Sa fille vient.)

J'y ſuis accoutumé ; —— voilà qui me conſole :

Voilà , contre mes maux , mon unique ſecours :

Viens, viens, ma chere enfant.

EUGÉNIE.

Je ne viens pas, —— j'accours.

Embraffez, — cher papa, votre pauvre Eugénie.
Elle a bien des chagrins.

M. DORSAN.

Qui? toi! ma bonne amie?

EUGÉNIE.

Moi-même, — & je ne puis les confier qu'à vous,
Car vous êtes bien bon, bien indulgent, bien doux.
Au lieu que fi j'écoute, ou ma bonne, ou ma mere,
L'amour n'eft qu'une erreur, une affreufe chimere;
A votre âge, le cœur doit ignorer fa loi.—
Lequel eft plus âgé, de mon cœur ou de moi?
Car, enfin, que ce foit ou mon cœur ou moi-même,
En vérité, papa, je fens très-bien que j'aime.)

M. DORSAN.

Qui?

EUGÉNIE.

Monfieur de Ferval, qui venait fi fouvent,
Avec fon oncle & vous, me voir dans mon couvent.

M. DORSAN.

C'eft lui qui te chagrine?

EUGÉNIE, *naïveté affectueufe.*

Eh! non pas, c'eft ma bonne,
A qui de tout mon cœur pourtant je le pardonne.
Depuis un an, au moins, Monfieur Ferval m'eft cher.
Eh bien! le croiriez-vous, je ne l'ai dit qu'hier.

M. DORSAN.

A lui-même?

EUGÉNIE.

A qui donc? Si quelqu'un doit connaître
Ce fecret le premier, c'eft bien l'amant peut-être.

JUSTINE.

Vous avez très-mal fait.

EUGÉNIE.

Tu me l'as déja dit.
Par amitié pour toi, je n'ai pas contredit;
Mais tu me forçais d'être & menteufe & cruelle.
Oui; — toi, fi tu favais quelque bonne nouvelle,
Aurais-tu bien le cœur affez peu généreux
Pour la taire à celui qu'elle peut rendre heureux?
Eh bien! c'eft tout de même: il dit que ma tendreffe
Eft, de tous les tréfors, le feul qui l'intéreffe.
Heureux ou malheureux, fon fort dépend de moi.
Mon cœur n'eft ni méchant, ni de mauvaife foi.
J'ai dit tout bonnement: Vous m'aimez, je vous aime.
Eh bien! ces deux mots feuls l'ont mis hors de lui-même,
Quand j'ai vu tant de feu, d'amour dans fon regard,
Je me fuis reproché d'avoir parlé fi tard.

M. DORSAN.

Va, — tu fais bien d'aimer l'époux qu'on te deftine.

EUGÉNIE.

Là! — ne gronde donc plus, ma petite Juftine.

J'aime ; — c'eſt un bonheur que j'ai de plus que toi.
Tu l'auras ſi tu veux : — c'eſt un grand bien, crois-moi.

M. DORSAN.

Quels ſentimens naïfs ! — Qu'elle eſt d'un bon augure
Cette ingénuité, garant d'une ame pure !
          (*A Juſtine.*)
Toi qui la conſervas dans toute ſa candeur,
Que ne te dois-je pas ?

EUGÉNIE.

                    Ah ! de tout votre cœur,
Embraſſez avec moi, ma bonne & tendre amie,
Papa.
          M. DORSAN, *affectueuſement.*

Bien volontiers.

SCENE VIII.

LES PRÉCÉDENS, Madame DORSAN, *qui ſurvient.*

Mad. DORSAN.

                    O CIEL ! quelle infamie !
          M. DORSAN.
Grands Dieux !
          JUSTINE.
Je ſuis perdue.

Mad. DORSAN.

On ne se contraint pas,
A ce qu'il me paraît?

JUSTINE.

Madame.—

Mad. DORSAN, *à Justine.*

De ce pas,
Sortez.

M. DORSAN.

Ecoutez-moi.—

Mad. DORSAN.
Non.

EUGÉNIE.

Maman, je vous jure.—

Mad. DORSAN.

Taisez-vous.— J'attendais cette derniere injure.—
Ce n'est pas d'aujourd'hui.—

M. DORSAN.

Madame, appaisez-vous.—

Mad. DORSAN.
Air prude, ton mielleux, maintien modeste, œil doux,
Dehors faux, imposteurs, masques d'hypocrisie.

JUSTINE.
Madame, permettez.—

M. DORSAN.

Affreuse jalousie !
Mad. DORSAN.

Mad. DORSAN.

Je le cherchois, le piége ; — il était fous mes pas.

JUSTINE.

Renvoyez-moi, Madame, & ne m'infultez pas.

Mad. DORSAN.

Paix ! — C'eft moi feule ici que votre audace infulte.
Retirez-vous.

SCENE IX.

LES PRÉCÉDENS, M. D'ARANVILLE,

D'ARANVILLE.

EH bien, d'où vient donc ce tumulte?

M. DORSAN.

D'où ? pour nous l'enfeigner tu viens fort à propos,
Car nous n'en favons rien.

D'ARANVILLE.

Quoi ! jamais de repos—
Dans cette maifon-ci? — Je veux qu'on m'extermine,
Si j'y reviens.

Mad. DORSAN, *aigrement.*
Tant mieux.

B

E U G É N I E, *naïvement.*

On maltraite Justine,
Parce que j'ai prié papa de l'embrasser.

Mad. D O R S A N.

Oh! que depuis long-tems j'aurais dû la chasser.

J U S T I N E.

Epargnez-moi ce mot, qui me rendrait suspecte;
Sachez vous respecter comme je vous respecte :
Adieu, Madame.

D O R S A N, *retenant Justine.*

Non, vous ne sortirez pas.

Mad. D O R S A N.

Si vous craignez, Monsieur, de perdre tant d'appas,
C'est à moi de sortir.

D' A R A N V I L L E.

Ma foi! ne vous déplaise,
Je dirais, à sa place: Allez, j'en suis bien aise.

Mad. D O R S A N.

Vous êtes son ami! vous!.. il est trop réel,
Monsieur, qu'il n'eût jamais d'ennemi plus cruel.

D' A R A N V I L L E.

Oui, vous avez raison: j'en conviens; j'en enrage; —
Car, hélas! c'est à moi qu'il doit son mariage.
J'étais votre tuteur, — je le vis amoureux:
En l'unissant à vous, je crus le rendre heureux;

D'un couple fortuné je crus devenir pere.
Je me fuis trompé; — mais il eſt homme, & j'eſpere
Qu'enfin, las de ſouffrir tant de maux à la fois,
Il vous fera ſentir ſon pouvoir & ſes droits.

Mad. DORSAN.

Son pouvoir & ſes droits! — deſpotiſme effroyable!
A-t-il l'affreux pouvoir, le droit épouvantable,
De nourrir ſous mes yeux, au ſein de ma maiſon,
Un ſcandale? —

M. DORSAN.

Arrêtez, — vous perdez la raiſon.

Mad. DORSAN.

Je ne la perdrais pas, ſi vous aviez la vôtre.
(*Montrant Juſtine.*)
Bref! il faut que d'ici nous ſortions l'une ou l'autre,
Choiſiſſez.

JUSTINE.

Eh, Madame! après un tel affront,
Croyez que mon départ ne peut être trop prompt.
Je ſors — avec un cœur plein de reconnoiſſance,
Et, malgré vos ſoupçons, avec mon innocence.

Mad. DORSAN.

Soit; — mais qu'à mon retour, votre aſpect odieux
Ne bleſſe plus ici ni mon cœur ni mes yeux.

(*Elle ſort, & revient à Dorſan, & lui dit tout bas :*)

Il eſt un noir ſecret qui me reſte à connaître.
Tremblez, — je le ſaurai dans une heure. — Adieu,
    traître!   (*Elle ſort.*)

SCÈNE X.

L ᴇs Pʀᴇ́ᴄᴇ́ᴅᴇɴs, *excepté Mad. Dorſan.*

ᴅ’Aʀᴀɴᴠɪʟʟᴇ.

EH bien! de ton devoir on vient de t’avertir,
Mon courageux ami; — Juſtine va ſortir,
Sans doute?

Eᴜɢᴇ́ɴɪᴇ.

Non, jamais on n’aura le courage...

Jᴜsᴛɪɴᴇ.

Me croyez-vous celui de ſupporter l’outrage?
Et quelqu’un, ſous vos yeux, fût-il jamais traité
Avec plus d’injuſtice & d’inhumanité?

M. Dᴏʀsᴀɴ.

Juſtine, il eſt trop vrai que ma femme...

ᴅ’Aʀᴀɴᴠɪʟʟᴇ.

                           Eſt un diable,
Une tête de fer, un cœur impitoyable.
Pauvre époux! Laiſſe-là ton ridicule amour;
Briſe-moi tout cela; — ſois de fer à ton tour.

Comme un enfant craintif, te laiſſant battre à terre,
Tu dis : je veux la paix.— Eh ! morbleu, fais la guerre.
La paix je t'en réponds, viendra dès aujourd'hui ;
Un mari, quand il veut, eſt le maître chez lui :

J U S T I N E.

Adieu, mon bienfaiteur ; adieu, mon Eugénie,
Pourvu que de vos cœurs, je ne ſois point bannie...

M. D o r s a n, la retenant avec fermete.

Pas plus que de chez moi — viens, reſte en ſûreté.
J'ai pris mon parti.

D' A r a n v i l l e.

Bon ! un peu de fermeté,
Et ſur-tout, mon ami, ſoutiens-la devant elle.

J u s t i n e à Dorſan.

Non, je dois vous ſauver une guerre éternelle.
Ma vertu ne tient pas à d'injuſtes propos :
Mais c'eſt à mon départ que tient votre repos.
Adieu.

E u g é n i e, tout en pleurs.

Quoi ! tu t'en vas ?

J u s t i n e, pleurant auſſi.

Il le faut bien, ma chere.

E u g é n i e, vivement.

Eh bien ! attends ; je vais te mener chez ton pere,

B iij

Ma bonne; & tous les jours je veux aller te voir,
Si papa le permet.

M. D O R S A N.

Je t'en fais un devoir.

(Eugénie , & Justine sortent.)

S C E N E X I.

M. D'ARANVILLE, M. DORSAN.

M. D O R S A N.

QUEL adorable enfant! Quel charmant caractere!

D'A R A N V I L L E.

Va , son mari sera plus heureux que son pere.

M. D O R S A N.

Tant mieux !

D'A R A N V I L L E.

Mais ces fureurs, comment les souffres-tu?

D O R S A N.

Ma femme , à ses travers , joint beaucoup de vertu.
Je l'estime, je l'aime , ah ! plutôt je l'adore ,
Fût-elle plus injuste , & plus jalouse encore !
Son mal vient d'aimer trop , & dans la bonne foi
Je ne puis l'en punir , & m'en prendre qu'à moi.

D'ARANVILLE.

L'amour, à cet excès, te paraît gai peut-être ?

DORSAN.

Comment blâmer l'excès de l'amour qu'on fait naître !
Mais elle a du bon sens : le tems & la raison ,
De sa jalouse erreur détruiront le poison ;
Et son cœur détrompé par mon exemple même ,
Sentira le besoin d'estimer ce qu'il aime.

D'ARANVILLE.

Soit ; mais dans cette attente , ô trop foible Dorsan ,
Depuis seize ans entiers , ta femme est ton tyran !
N'es-tu pas las enfin d'un si vil esclavage ?
Toujours seul , enfermé , vivre comme un sauvage !
Avoir pu renoncer à cette autorité ,
Qui ne convient qu'à l'homme & peint sa dignité !—
Ne crois pas qu'on te plaigne, au moins ; tant de faiblesse
Est un travers honteux dont on rit ; mais qui blesse.—
Tu ne sors qu'avec elle : on vous suit pour la voir ,
Jusque sur ton regard , exercer son pouvoir.
D'une femme , en passant , que l'œil sur toi s'arrête ,
Soudain le sien s'allume & prédit la tempête ,
Qui ne manquera pas d'éclater au retour.—
Mettons , puisque j'y suis , ta honte en tout son jour.
Sans cesse pour nourrir le vautour qui te ronge ,
Ton cœur droit & loyal se condamne au mensonge ;
L'insensée ! en t'ôtant le repos , le bonheur ,
T'ôte encor , le garant , le cachet de l'honneur ,

La franchife: — en un mot, ta femme on la déteste;
On te fuit, — & je fuis l'ami feul qui te refte.

M. D o r s a n.

Si tu l'es, mon ami, fois donc plus généreux :
Ne me rappelle pas que je fuis malheureux,
Sur-tout dans ce moment où déja fi troublée,
Par un coup imprévu, mon ame eft accablée.

d' A r a n v i l l e.

Comment donc ?

M. D o r s a n.

Mon ami, je me jette en tes bras;
Toi feul peux me tirer d'un terrible embarras.

d' A r a n v i l l e.

Que veux-tu ? je fuis prêt.

D o r s a n.

Vois d'abord cette lettre.

d' A r a n v i l l e (*lit.*)

A M. D o r s a n, *de Tours.*

« Monfieur, une orpheline à laquelle vous vous
» intéreffez depuis fa naiffance, vient de perdre la
» perfonne à qui vous aviez confié fon éducation, &
» qui depuis feize ans lui a tenu lieu de mere. Mon
» miniftere en ce pays eft de recueillir les dernieres
» dépofitions de ceux qui vont ceffer d'être. La mou-
» rante m'a montré un écrit, par lequel vous la priez

» de vous renvoyer Clémence, son éleve, quand
» elle se sentira près de sa fin. D'après cela, j'ai
» conseillé à la très-intéressante orpheline, d'aller
» trouver son protecteur, à Paris. Elle arrivera deux
» jours après cet avis, si la présente ne souffre point
» de retard. Soyez tranquille. L'honnête conducteur
» auquel je l'ai remise, en aura le plus grand soin
» pendant le voyage. »

ANDRIEUX.

Quelle énigme !

DORSAN.

Mon cher, tu veux bien me promettre
Un silence. —

D'ARANVILLE.

A cela, je ne réponds jamais.

DORSAN.

Pardonne.

D'ARANVILLE.

Acheve.

DORSAN.

Eh bien ! tu sauras que j'aimais,
Avant mon mariage, une adorable fille,
Qu'à mes vœux refusa mon avare famille :
Sa tendresse en secret me rendit son époux.
Une fille naquit de ce lien si doux :
Mais, hélas ! en naissant, elle perdit sa mere.—
Eh bien ! ce cher enfant, qu'aux regards de son pere,

La raifon, la prudence ont fouftrait dix-huit ans,
Ma Clémence, ma fille, eft celle que j'attends.

D'ARANVILLE.

Eh bien !

M. DORSAN.

Si je ne puis, fans un péril extrême,
Sans nous rifquer tous deux, l'aller chercher moi-même.

D'ARANVILLE.

Eh bien !

M. DORSAN.

Je dois trembler, à plus forte raifon,
Si cette pauvre enfant paraît à la maifon.

D'ARANVILLE.

Eh bien!

M. DORSAN, *un peu impatienté.*

Eh bien! veux-tu me rendre le fervice? —

D'ARANVILLE.

De tromper ta jaloufe & de flatter un vice,
Que feize ans de douceur ont juftement accru,
Et qu'elle n'aurait pas, fi tu m'en avais cru.
Veux-tu ravoir enfin la paix qui t'eft ravie?
Crois-moi! voici l'inftant le plus beau de ta vie.
Allons chercher ta fille; — amenons-la chez toi,
Et dis bien fermement: Celle que, loin de moi,
J'ai depuis fi long-tems, fi lâchement bannie,

Pour jamais à son pere est enfin réunie :
C'est ma fille.

M. D o r s a n.

Ah ! grands Dieux ! comment d'un tel éclat,
Veux-tu qu'ici la paix soit l'heureux résultat ?
Ta pupille jamais n'eût été mon épouse,
Si, pour me conformer à son humeur jalouse,
Je n'avais pas fait vœu de lui cacher toujours,
Et l'histoire & le fruit de mes premiers amours.

D'A r a n v i l l e.

Ainsi, pour ses beaux yeux, elle eût voulu peut-être
Que ton cœur s'enflammât avant de la connaître ?

M. D o r s a n.

C'est trop ; mail il fallait, pour vaincre sa rigueur,
Qu'elle crût, la premiere, avoir touché mon cœur.
L'amour & la raison m'ordonnaient le silence ;
Et si j'ai pu seize ans me faire violence,
Dans l'espoir du repos dont je cherche à jouir,
Irai-je, en un clin d'œil, le faire évanouir ?
D'ailleurs, songeons-y bien. — De cette infortunée,
Quelle eût été chez moi l'affreuse destinée ?
Que ferait-elle encor ? Nous serions chaque jour,
De reproches, d'affronts, accablés tour à tour.
C'est ce qu'avait prévu sa malheureuse mere.
« O Dorsan ! me dit-elle, à son heure derniere,
» Jure que si jamais tu formes d'autres nœuds,
» Ta femme ignorera le gage de nos feux.

» Une marâtre, hélas! en ferait sa victime. »
Je l'ai fait ce serment ; puis-je y manquer sans crime,
A moins qu'un de ces coups que l'on ne peut prévoir,
Que la nécessité ne m'en fasse un devoir ?
Eh! d'ailleurs qu'elle vienne ! à l'instant on l'exile,
La pauvre enfant.

D'ARANVILLE.

C'est clair.

M. DORSAN.

                    Je lui donne un asyle
Chez Gervais. — Que n'est-elle en un lieu plus obscur !
Le plaisir de la voir n'en serait que plus sûr.

D'ARANVILLE.

Après, qu'en feras-tu ?

M. DORSAN.

                  Je mettrai tout mon zele
A lui trouver bientôt un époux digne d'elle.
Ce parti, dans le fait, n'est-il pas plus prudent ?

D'ARANVILLE.

Oui ; d'après la promesse, & sur-tout l'ascendant
De ta femme, il faut bien lui dérober ta fille.
Tu l'appelles ?

M. DORSAN.

Clémence.

D'ARANVILLE.

                   Et tu la crois gentille ?

M. DORSAN.

Belle ! si de sa mere elle a le moindre trait.
De cette aimable mere ici j'ai le portrait,
Dans une boîte d'or.
(*Il va à son secrétaire ; il trouve le double fond ouvert,*
& point de boîte.)
                    O ciel ! mon secrétaire ! —
La boîte a disparu ; — c'était là le myftere.

D'ARANVILLE.

Eh bien ! la boîte ?

M. DORSAN.

                    Eh bien ! je ne la trouve pas.
Je l'aurai mise ailleurs ; mais il faut de ce pas
Voler à mon secours : tu sens que le tems preffe ;
Clémence va d'abord demander mon adreffe :
Prends mon nom, s'il le faut ; conduis-la chez Gervais ;
Moi, je t'attends ici.

D'ARANVILLE, *hauffant les épaules.*

                    Pauvre mari ! — J'y vais.
                              (*Il fort.*)
M. DORSAN, *feul.*

Elle a, dans mon abfence, ouvert mon secrétaire.
Je suis heureufement le feul dépofitaire
Du secret de la boîte , & le portrait fatal,
Depuis long-tems, hélas ! n'a plus d'original. —
D'Aranville a raifon : si je veux mettre un terme
A de trop longs tourmens, il faut être plus ferme.

Changeons de note , enfin ; laiſſons-là cette paix
Que je cherchai toujours , & que je n'eus jamais.
Un peu moins de faibleſſe & mon bonheur commence ;
Mais penſons , avant tout , à ma pauvre Clémence.
Si dans ſon triſte exil , je n'ai pu , ſans danger ,
L'aller voir un inſtant , même comme étranger ,
Cachons à l'œil jaloux cette fille ſi chere. —
Epoux infortuné , ſois du moins heureux pere ! —
D'Aranville ou Blaiſot vont bientôt m'avertir ;
Il faut , au moindre ſigne , être prêt à partir.

Fin du premier Acte.

ACTE II.

Méme Décoration.

SCENE PREMIERE.

EUGÉNIE, FERVAL.

EUGÉNIE.

Et Gervais, par malheur, n'eſt pas à la maiſon.
J'aurais voulu le voir, lui dire la raiſon
Qui fait ſortir ſa fille.

FERVAL.

Il va l'apprendre d'elle.

EUGÉNIE.

Il aura, ce digne homme, une peine mortelle,
Et c'eſt ma faute encor; mais, Dieu! peut-on penſer
Qu'à ce point, pour un rien, maman va s'offenſer?
Cela m'a fait venir une bien triſte idée.

FERVAL.

Puis-je la ſavoir?

EUGÉNIE.

Oui; je me crois décidée

A rester fille.

F E R V A L.

O ciel !

E U G É N I E.

Ecoutez, mon ami,
Ma mere a des transports dont mon cœur a frémi.
D'où viennent-ils ? Voyons ?

F E R V A L.

Hélas ! de ce qu'elle aime,
De ce qu'elle est jalouse.

E U G É N I E.

Et si j'étais de même ?
Je trouve de papa le sort bien douloureux :
Comme elle, si j'allais vous rendre malheureux ?

F E R V A L.

Jamais.

E U G É N I E.

Songez-y bien ; — enfin je suis sa fille :
Qui sait ! la jalousie est un mal de famille,
Peut-être, & ce mal-là doit vous épouvanter ;
Car je vous aime assez pour vous bien tourmenter.

F E R V A L.

Ah ! que vous auriez tort !

E U G É N I E.

Sans doute, — & de ma mere,
Papa

Papa mérite-t-il l'éternelle colere?
Depuis trois mois qu'ici me voilà de retour,
Je n'ai rien vu chez lui, que tendresse, qu'amour;
Et pourtant —

F E R V A L.

Votre mere est aussi malheureuse.

E U G É N I E.

Raison de plus : — c'est donc chose très-dangereuse
Que de se marier quand on est né jaloux,
Puisqu'on fait tant souffrir soi-même & son époux?
Faisons mieux, & prenons le parti le plus sage :
Aimons-nous toujours bien ; mais —

F E R V A L.

Sans le mariage,

Sans toutes les douceurs qui suivent ce lien ;
Croyez-vous qu'à nos cœurs il ne manquerait rien,
Belle Eugenie ?

E U G É N I E.

Eh ! quoi ?

F E R V A L.

Peut-être il est encore

Un bonheur précieux. —

E U G É N I E, avec un feu naïf.

Un bonheur que j'ignore,

Et que vous connaissez : — ah ! c'est bien mal à vous,
Mon ami.

C

FERVAL, *avec une chaleur graduée.*

Nous l'aurions, si j'étais votre époux.
Cette félicité dont l'espoir seul m'enflamme,
Et de n'avoir tous deux, & qu'un cœur & qu'une **ame**,
De mêler nos plaisirs, ainsi que nos ennuis,
D'être dans tous les cas nos uniques appuis,
De confondre si bien mon être avec le vôtre,
Que nous ne puissions plus séparer l'un de l'autre.

(*Ici M. Dorsan paraît.*)

EUGÉNIE, *très-émue.*

Ah, Dieux! mais c'est charmant! oh! comme mon
          cœur bat.
Où ce bonheur est-il?

FERVAL.

Bien loin du célibat,
Et bien près de l'hymen, nœud solemnel & tendre,
Qui ferait plus d'heureux, si l'on voulait s'entendre.

EUGÉNIE.

Dans ce nœud solemnel, si doux, si plein d'appas,
Il est donc très-commun qu'on ne s'entende pas;
Car ici, par exemple.

FERVAL, *embarrassé.*

(*A part.*)   Ici, belle Eugénie!
Que dire?

EUGÉNIE.

Eh bien! ici.

FERVAL.

La paix en est bannie
Depuis peu ; — mais enfin, ce n'est pas pour toujours.

SCENE II.

LES PRÉCÉDENS, M. DORSAN.

M. DORSAN, *à Ferval.*

Vous avez raison.

FERVAL.

Ah ! venez à mon secours,
Monsieur ; me voilà prêt à perdre ce que j'aime.

M. DORSAN.

Et qui vous le fait perdre ?

FERVAL.

Eugénie, elle-même.

M. DORSAN.

Pourquoi ?

EUGÉNIE.

C'est que j'ai peur d'avoir un cœur jaloux,
Et de le rendre un jour malheureux comme vous.

M. DORSAN.

(*A part.*)　　　　　(*Haut.*)
O danger de l'exemple ! — Eh ! qui t'a dit, ma chere,
Que j'étais malheureux ?

EUGÉNIE.

> Mais, j'ai des yeux, j'espere,
> Et depuis mon retour je l'ai vu si souvent,
> Que j'en ai regreté l'ennui de mon couvent.
> Encore ce matin, Justine. —

M. DORSAN.

> Est-ce à ton âge
> Qu'on doit se supposer un jugement bien sage ?
> Tu crois depuis trois mois mon sort très-rigoureux ;
> Mais si je fus seize ans parfaitement heureux,
> Si j'ai dû ce bonheur à ton aimable mere,
> Si je lui dois celui d'être ton tendre pere,
> J'en appelle à ton cœur, à ta jeune raison :
> Puis-je, de bonne foi, mettre en comparaison,
> Seize ans d'un calme pur avec un jour d'orage ?
> Peut-être en ce moment j'ai besoin de courage,
> Contre une erreur qui nuit à sa tranquillité ;
> Mais malgré ses soupçons sur ma fidélité,
> C'est elle, & non pas moi, qu'il faut plaindre, ma chere ;
> Ainsi, reçois Ferval de la main de ton pere.
> Ne vas pas éloigner le bonheur de tous deux,
> Par la vaine frayeur d'un avenir douteux.
> Si tu vois quelque mal, que ta raison l'évite :
> Un exemple fâcheux ne veut pas qu'on l'imite ;
> Mais quelque soit un jour, le sort de tes liens,
> S'unir à ce qu'on aime est le premier des biens.

FERVAL, *avec le plus grand feu, embraſſant*
M. Dorſan.

Le meilleur des époux eſt le meilleur des peres :
(*A Eugénie.*)
L'hymen ne me promet que des deſtins proſperes ;
Je ne puis qu'être heureux ſous votre aimable loi,
Cependant à votre aiſe ; — accumulez ſur moi
Tous les maux que peut faire une femme jalouſe ;
Faites-moi bien ſouffrir, — mais ſoyez mon épouſe.

EUGÉNIE.

Vous le voulez tous deux ? Moi-même, ſans mentir,
Quelque choſe, tout bas, me dit de conſentir.
Allons donc ; — écoutez. — Si la pauvre Eugénie,
De devenir jalouſe a jamais la manie,
Et vous rend odieux ce nom ſi beau d'époux,
C'eſt votre faute au moins, n'en accuſez que vous.

FERVAL, *avec la plus grande tendreſſe.*

Jamais notre union ne ſera dangereuſe :
Pourrai-je ſeulement vous rendre aſſez heureuſe,
Et mériter un cœur ſi ſenſible & ſi pur ?
J'en doute.

M. DORSAN.

Avec le vôtre, on doit en être ſûr,
Plus que je ne le ſuis, de l'aveu de ſa mere.

FERVAL, *avec effroi.*

Comment donc ?

M. DORSAN.

Mon ami, vous favez fa chimere,
Et je crains bien; — mais, chut ! —

*(Madame Dorfan arrive, occupée de la boîte qu'elle
tient. M. Dorfan fe retire avec les jeunes gens au fond
du Théâtre, & fe rapproche peu à peu de fa femme,
après avoir fait figne à Eugénie & à Ferval de ne fe
montrer qu'à propos.)*

SCENE III.

LES PRÉCÉDENS *à l'écart*, Mad. DORSAN.

Mad. DORSAN.

Ceci cache un portrait,
Difent tous les Marchands; nul ne fait le fecret.
J'ai voulu tout brifer, dans mon impatience; —
Mais le portrait. —

M. DORSAN, *de fang-froid.*

Madame, ils n'ont pas ma fcience.

Mad. DORSAN, *furprife.*

O Ciel !

M. DORSAN.

Et je puis feul vous la communiquer.

Mad. DORSAN.

Qui ? vous !

M. D o r s a n, *à part.*

Elle n'eſt plus, je n'ai rien à riſquer.

(*Haut.*)

D'abord il eſt très-sûr, je ne dois pas m'en taire,
Que vous avez eu tort d'ouvrir mon ſecrétaire;
Un Valet, d'un larcin, pouvait être accuſé.

Mad. D o r s a n.

L'on eût été par moi bientôt déſabuſé.
D'ailleurs, ſi vous craignez qu'ici l'on ne découvre
Des ſecrets importans, empêchez qu'on ne l'ouvre.

M. D o r s a n.

Mais j'ai dû, ce me ſemble, avec quelque raiſon,
Me croire en sûreté dans ma propre maiſon.
S'il faut qu'à chaque inſtant de tout je me défie,
J'aime mieux mourir.

Mad. D o r s a n.

Bien. Cette philoſophie,
Malgré votre ſang-froid, malgré tous ſes appas,
Je vous en avertis, ne me ſéduira pas.

M. D o r s a n.

Tant pis.

Mad. D o r s a n.

Mais revenons; — faites-moi confidence
Du ſecret.

M. D o r s a n.

Donnez.

Mad. DORSAN, *avec un sourire amer,*

Ah! les loix de la prudence
Permettent elles bien ce que vous demandez?

M. DORSAN *va pour sortir.*

Je ne demande rien.

Mad. DORSAN, *l'arrêtant.*
Le secret!

M. DORSAN.

Attendez,
L'ordre de la prudence.—

Mad. DORSAN, *avec véhémence.*

(à part.)
Ecoutez; — Quel langage!
Jamais jusqu'à ce jour il n'eût tant de courage.
(Haut.)
Venez, — voilà la boîte, & voyez à préfent
Qui de nous deux, Monfieur, eft le plus complaifant.

M. DORSAN, *avec une ironie douce.*

Votre bonté toujours a furpaffé la mienne;
Mais pour ouvrir la boîte il faut que je la tienne.

Mad. DORSAN.

Je n'aurai pas, je crois, lieu de m'en repentir:
Ma confiance.—

M. DORSAN, *du même ton.*

Eh! mais, — vous devez bien fentir,
Que je pourrais garder ce qu'on a pu me prendre.

Mad. DORSAN.

Comment ! votre projet, Monsieur !

M. DORSAN, *d'un ton très-ironiquement mielleux.*

, Daignez m'entendre.
Songez que du secret, unique possesseur,
Je ne l'accorderai qu'à beaucoup de douceur.
Je demande, avant tout, une grace moi-même.
(*Il fait signe aux jeunes gens de s'avancer.*)
Consentez à l'hymen de deux enfans que j'aime,
Et la boîte, à vos yeux, dans l'instant va s'ouvrir.

Mad. DORSAN.

Piége adroit ! — Son cœur faux aime à se découvrir
En tout. — Va, pour jamais cache-moi ce myftere.
Je ne veux plus rien voir.

FERVAL.

Eh ! Madame !

EUGÉNIE.

O ma mere !

Mad. DORSAN, *avec fureur.*

Laiffez-moi ; — votre hymen ne fera point le prix
D'un complot auffi lâche, & d'un aveu furpris.

M. DORSAN, *flegmatiquement.*

Voilà la boîte ; — adieu ; — je ne veux rien furprendre.

Mad. DORSAN.

Sans me rien indiquer vous ofez me la rendre !

M. D O R S A N, *toujours de sang froid.*

Confolez les Marchands.

(*Il va pour fortir.*)

Mad. D O R S A N, *avec un cri.*

Ou va-t-il ?

M. D O R S A N, *toujours férieux.*

Au jardin.

(*Il emmene Ferval, & veut emmener Eugénie, que fa mere retient.*)

S C E N E   I V.

Mad. D O R S A N, E U G É N I E.

Mad. D O R S A N.

Restez, Mademoifelle.—Ah! quel ton! quel dédain! Quel flegme défolant! — je fuis hors de moi-même.

E U G É N I E.

Mais il ne tient qu'à vous que—

Mad. D O R S A N.

Paix! — Ferval vous aime?

E U G É N I E.

Oui, maman.

Mad. D O R S A N.

Vous l'aimez ?

E U G É N I E.

J'en suis folle.

Mad. D O R S A N, *à elle-même.*

A quinze ans,

Se préparer déja des chagrins si cuisans.

(*Haut.*)

Et vous l'épouseriez ?

E U G É N I E.

J'en aurais grande envie.

Il jure qu'il sera le bonheur de ma vie ;

Et cet hymen rendrait mon papa bien content.

Mad. D O R S A N, *à part.*

Ah ! ce coupable pere, il m'en jurait autant.

(*Haut.*)

Ma fille, écoutez-moi. — Vous ignorez, sans doute,

Dans ce triste lien ce qu'il faut qu'on redoute.

E U G É N I E.

Hélas ! je ne fais rien qu'aimer de tout mon cœur.

Mad. D O R S A N.

Eh bien ! contre Ferval armez-vous de rigueur.

L'amour dans votre sein est un serpent qui couve.

Craignez à votre tour les tourmens qu'on éprouve ,

Quand ce cœur qui s'était si tendrement donné ,

Par un perfide époux se voit abandonné.

E U G É N I E.

Oui, c’est bien malheureux, & l’on est bien à plaindre,
Quand c’est vrai ; — mais je crois que je n’ai rien à
    craindre :
Pour moi Ferval doit être, — (il me l’a bien promis)
Le plus fidele amant, le meilleur des amis,
Et des maris sur-tout ; — en un mot, il espere,
Jusqu’au dernier soupir ressembler à mon pere : —
Mon pere que je vois si complaisant, si doux. —

Mad. D O R S A N , *avec indignation.*

Si faux, petite fille ; — ils se ressemblent tous.
  (*A part.*)
Je m’égare. — Un moment ; — il me vient une idée. —
  (*Haut.*)
Approchez, Eugénie. — Etes-vous décidée
A ce nœud qui pour vous peut être moins fatal ?

E U G É N I E.

Oui, pourvu que ce soit avec Monsieur Ferval.

Mad. D O R S A N.

Vous ne vous plaindrez plus d’être contrariée.
Cela dépend de lui.

E U G É N I E , *avec une joie naïve.*
Me voilà mariée.

Mad. D O R S A N.

Il est dans le jardin ; — je veux l’entretenir.

EUGÉNIE.

Bon! J'y cours; — dans l'inſtant nous allons revenir.

(Elle ſort.)

* * *

SCENE V.

Mad. DORSAN, *ſeule.*

IL faut bien, malgré moi, pour démaſquer un vice,
Que voile tant d'adreſſe, employer l'artifice,
Et le coupable objet de mes juſtes ſoupçons,
Me contraint à la fin de ſuivre ſes leçons. —
Mais depuis quand joint-il l'ironie à l'outrage?
De mon tuteur ici je reconnois l'ouvrage.
Mon mari cede enfin à ſes conſeils affreux.
De l'amour de Ferval il faut m'armer contre eux :
A ſon âge le cœur aime avec violence ;
Il pourra me ſervir. — Je l'apperçois. Silence.

EUGÉNIE, *à Ferval, en l'amenant.*

Oui ; bientôt, mon ami, vous ſerez mon époux,
Car ma chere maman dit qu'il ne tient qu'à vous.

Mad. DORSAN,

Retirez-vous, ma fille.

*Eugénie rentre au jardin, & en ferme la porte, juſqu'à
ce que ſa mere, qui la ſuit des yeux, ſe ſoit retournée ;
enſuite elle revient doucement, & ſe cache derriere un
rideau pour entendre.)*

SCENE VI.

Mad. DORSAN, FERVAL, EUGÉNIE, *cachée.*

Mad. DORSAN.

AH ! çà, Monsieur, j'espere
Que vous n'en voudrez pas à la sensible mere,
Qui connaissant les maux attachés à l'hymen,
Veut en sauver sa fille. — Un sévere examen
De l'époux qu'aujourd'hui l'on propose pour elle,
Est bien permis, sans doute, à l'amour maternelle ;
Et veut beaucoup de tems.

FERVAL.

Vous me faites frémir.
Combien loin du bonheur ai-je encore à gémir ?
Madame, ayez pitié des tourmens que j'endure ;
Autant que son objet croyez ma flamme pure :
De cet objet charmant confiez-moi le sort.
Moi ! faire son malheur ! — Je crois sentir la mort,
D'y penser seulement. — O ma chere Eugénie !
De ton ame à jamais cette crainte est bannie !
Le vice n'est pas fait pour profaner un cœur
Qu'habiteront toujours ton image & l'honneur.

Mad. DORSAN.

Je crois à votre amour ; mais il m'en faut la preuve.
Vous craignez, je le vois, une trop longue épreuve.

Il ne tiendra qu'à vous, Monsieur, de l'abréger:
Voici donc à quel prix je puis vous protéger.
(*Un silence.*)
J'ai de M. Dorsan quelque droit de me plaindre;
Un époux tel que lui pour ma fille est à craindre.

FERVAL, *avec feu.*

Un époux tel que lui ! qu'a-t-il de dangereux ?
Si je lui ressemblais, je serais trop heureux.

Mad. DORSAN.

A ce cruel époux, auteur de mon supplice,
Vous voulez ressembler? — Vous êtes son complice,—
Vous n'aurez point ma fille.

FERVAL, *au désespoir.*

O ciel ! que dites-vous ?

Mad. DORSAN.

Qu'avez-vous dit vous-même ?

FERVAL.

Imiter votre époux,
Dans tout le bien qu'il fait, est-ce un vœu condamnable?
Par-tout où je le vois, vertueux, respectable,
Monsieur Dorsan ressemble aux hommes les meilleurs;
Mais je ne sais pas bien ce qu'il peut être ailleurs.

Mad. DORSAN.

Vous avez de l'esprit.

FERVAL, *avec sensibilité.*

Hélas ! je n'ai qu'une ame
Que l'espoir soutiendrait, qu'un pur amour enflamme :
Je la mets en vos mains : — ordonnez de mon sort ;
Je demande à vos pieds, Eugénie ou la mort.

Mad. DORSAN.

Levez vous. — En deux mots ; — il n'est pas impossible,
Qu'épouse soupçonneuse, amante trop sensible,
Je suppose à Dorsan bien des torts qu'il n'a pas ;
Mais ce doute est affreux : — tirez-nous d'embarras.
Vous êtes son ami ?

FERVAL.

Du moins j'ose le croire ;
J'en ai fait jusqu'ici mon bonheur & ma gloire.

Mad. DORSAN.

Eh bien ! vous pouvez donc, en cette qualité,
Vous permettre avec lui plus d'assiduité ;
Suivre par-tout ses pas avec un tendre zele,
Et m'en rendre sur-tout un compte très-fidele.

FERVAL.

Ciel ! sous le nom d'ami devenir délateur !
Un tel emploi, Madame, est assez peu flatteur ;
Il faut en convenir.

Mad. DORSAN.

Aimez-vous Eugénie ?

Ferval.

F E R V A L.

Oui , je l'adore : — mais je hais l'ignominie ;
Et dans un tel accord si j'étais de moitié ,
Je ferais trop rougir l'amour & l'amitié.

Mad. D O R S A N.

Ainsi , de mon mari la conduite est suspecte ,
Puisque vous craignez tant, Monsieur?

F E R V A L.
Je la respecte ;
Je ne l'observe point.

Mad. D O R S A N, *les dents serrées.*
Vous avez très-grand tort,
Et vous n'épouserez ma fille qu'à ma mort.

E U G É N I E, *survenant,*

Et pourquoi faut-il donc , Monsieur , que maman
meure
Pour que vous m'épousiez? Consentez tout à l'heure ;
Suivre par tout mon pere , est-ce un pénible emploi ?
Si cela se pouvoit , je le suivrais bien , moi ;
Et comme il ne fait rien dont il puisse avoir honte ,
Sans scrupule , à maman , de tout je rendrais compte.

Mad. D O R S A N.

Vous nous écoutiez donc?

E U G É N I E.
Oui ; j'ai tout entendu.

D

Mad. DORSAN.
Je crois cependant votre parole attendue.

EUGÉNIE.
Ah! je n'aime pas les éclats des armes;
(Regardant Ferville.)
Mais j'écoute souvent quand il s'agit d'un autre,
Et c'est bien naturel. — Avez-le, maman?

Mad. DORSAN, à part.
La petite indifférente a ... tout mon plan.

***

S C E N E   VII.

LES PRÉCÉDENS, GERVAIS, JUSTINE, ensuite LA FÉLICITÉ.

GERVAIS, à Gill.
Voici Madame; — allons, — venez, Ma-
demoiselle; —
Je veux de tout ceci m'expliquer devant elle.
Madame est trop humaine, elle a trop de raison,
Pour chasser sans sujet quelqu'un de sa maison.

Mad. DORSAN, à Justine.
Par quel hasard ici vous revois-je reparaître?

JUSTINE.
Mon père me renvoie.

GERVAIS.
   Oui, vous voudrez peut-être

Excuser un vieillard, un père au désespoir,
Qui craint que son enfant n'ait trahi son devoir?

Mad. DORSAN.

Connaissez-vous sa faute?

GERVAIS.

                    Hélas! non; je l'ignore.
J'interroge, on se tait: mais c'est vous que j'implore.
Instruisez-moi, de grâce, & calmez mon effroi.

Mad. DORSAN.

Votre maître, qui vient, le pourra mieux que moi.
Il m'a fait dire....

                    (Elle va pour sortir.)

M. DORSAN, en entrant, à part.

                    Ah! ah! que fait ma femme
Avec ce Gervais & Juliette?
Justine.... Je m'avance au devant de Mad. Dorsan.

                    Madame,
L'humanité, l'honneur, doit vous inviter
A déclarer mon cœur, avant de nous quitter.

Mad. DORSAN.

Peut-on porter plus loin l'audace & l'impudence!
De ton père toujours, par pitié, par prudence,
Je voulais ménager la sensibilité.
Tu le veux? — Je dirai l'affreuse vérité.
Gervais! c'est ce matin, sous mes yeux, ici même,

Qu'avec tous les transports d'une tendresse extrême,
Ta fille, à mon époux, accordait un baiser.

G E R V A I S.

Elle !

E U G É N I E.

Eh ! non pas ; — un mot va vous désabuser ; —
C'est moi. —

M. D O R S A N, *à Eugénie avec douceur.*

Paix !

G E R V A I S, *à sa fille.*

Répondez ? —

J U S T I N E, *avec dignité.*

L'innocent qu'on soupçonne,
Souffre en paix qu'on l'accuse, & n'accuse personne.

G E R V A I S.

(*A Dorsan.*)

C'est sa seule réponse. — Ah ! Monsieur ! par pitié,
Si vous me conservez un reste d'amitié,
Otez-moi, d'un seul mot, le fardeau qui m'accable.
Dites-moi seulement, — elle n'est pas coupable, —
Je suis content.

M. D O R S A N.

Gervais, — s'il existe un cœur pur,
C'est celui de ta fille.

G E R V A I S, *avec une joie excessive.*

A présent j'en suis sûr.

M. Dorsan, *continuant.*

Ce prétendu baiser reçu par l'innocence,
Fut donné, mon ami, par la reconnoissance
Que je dois à Justine, à ses soins complaisans.
J'ai cru contre mon cœur presser mes deux enfans.
C'est tout.— Madame arrive, — on devine le reste.

G e r v a i s.

Je comprends ; — en effet, Justine est si modeste !
En y réfléchissant, je ne concevais point
Qu'elle eût pu près de vous s'oublier à ce point.
Madame, en se trompant, a pourtant été prête
A perdre pour jamais une jeunesse honnête,
Qui chérit la vertu, qui n'a pas d'autre bien,
Pour qui, sans celui-là, les autres ne font rien.
Sur toi, ma chere enfant, me voilà plus tranquille.
Viens, retournons en paix dans notre obscur asyle ;
Et vous, Madame, vous, pensez avant d'agir,
Et n'exposez personne au chagrin de rougir.

Mad. Dorsan, *à son mari.*

Voilà pourtant à quoi vos procédés m'exposent !
Les affronts inouïs, les tourmens qu'ils me causent,
Pour cette fois, j'espere, ont assez de témoins ;
Des valets impudens peuvent, grace à vos soins,
M'injurier en face, & de leur insolence
Vous me vengez, Monsieur, par un profond silence.

M. Dorsan,

Je vais parler, — ceci devient trop sérieux.—

Autour de vous, Madame, osez lever les yeux:
Contemplez votre ouvrage, & comptez les victimes
Que vous vous immolez sous la Loi... ...
Les miens, je les connais, je fuis votre courroux,
Suspect & malheureux pour être trop chéri:
Aussi je souffre en paix; — mais quels droits font les
      vôtres,
Pour blesser, outrager, persécuter les autres?
Voyez ce bon vieillard, dans sa fille outragé,
D'un service bien long, si mal récompensé.
Voyez sa fille, objet de votre violence,
Garder sur vos fureurs un pénible silence.
Voyez notre Eugénie, à qui votre rigueur
Enlève un double bien nécessaire à son cœur,
L'amant qu'elle préfere, & Justine qu'elle aime;
Et puisqu'il faut finir par me citer moi-même,
Moi, votre unique ami, votre fidele époux,
Incessamment en butte à vos transports jaloux.
Laissez-vous donc toucher par ce triste spectacle:
Au bonheur de vos jours cessez de mettre obstacle.
Rappellez-moi ces tems si précieux, si doux,
Où ma femme, en l'aimant, charmait son époux.
Viens aux pieds de ta mere, ô ma pauvre Eugénie!
Ta priere innocente, à ma tendresse unie,
Fléchira, changera ce cœur n... généreux.
Qui n'est fait que pour vous tous faire des heureux.

     EUGÉNIE, *à genoux, aux pieds de sa mere.*
Maman!

Mad. DORSAN.

Viens dans mes bras, — je sens couler mes larmes,
(à Dorsin)
Viens aussi, mon ami, viens, je te rends les armes,
Je cède à ta bonté, je cède à ta raison,
Et mon cœur attendri leur doit sa guérison,
(à Gervais.)   *(à [...])*
Oublions tout, Gervais; — toi, reste ici ma chère.

JUSTINE, *avec sensibilité.*

Non, Madame, il est tems que je songe à mon pere,
Qu'il reçoive de moi les soins & les secours
Que sa fille aurait dû lui prodiguer toujours;
Et je pairai bien mieux ce tribut légitime,
Puisqu'en quittant ces lieux j'emporte votre estime.

EUGÉNIE.

Quoi! tu t'en vas encor?
*(Scene muette entre Eugénie, Gervais & Justine; ces
derniers sortent.)*

Mad. DORSAN.

Je ne puis la blâmer.—
Ah! le premier des biens est de se faire aimer:
J'en conviens, je le sais; de ma triste conduite
La haine, l'abandon, devaient être la suite; —
Et toi, dont le bonheur était empoisonné
Par mes transports jaloux, — tu m'as tout pardonné.
Trop long-tems à ton cœur le mien a fait injure;

Tu ne te plaindras plus d'une erreur que j'abjure.

(*Elle lui donne la boîte d'or.*)

Tiens, — reprends cette boîte & son fatal secret;
Il a fait mon tourment, je l'avoue à regret:
Mais à tous mes soupçons pour jamais je renonce.

M. DORSAN.

Je vais te l'indiquer; — c'est ma juste réponse.

(*A part.*)

Je dois ce sacrifice à sa tranquillité.

(*Il ouvre le double fond de la boîte, au moyen d'un ressort.*)

Mad. DORSAN, *voyant un portrait.*

Ciel! un portrait de femme!

M. DORSAN.

Eh bien! en vérité,
De tes transports jaloux te voilà revenue,
Je m'en apperçois.

Mad. DORSAN, *avec émotion.*

Mais une femme inconnue!

EUGÉNIE, *regardant par-dessus l'épaule de
Madame Dorsan.*

Oh! comme elle est jolie!

M. DORSAN.

En deux mots, finissons,
Je ne veux point laisser matiere à tes soupçons:
Crois-moi, né de l'idée & de la fantaisie,

Ce portrait n'a pas droit d'armer ta jalousie ;
Je me voue à jamais au sort le plus fatal,
Si l'univers entier a son original.

Mad. DORSAN.

C'en est assez ; --- de moi je suis enfin maîtresse,
Je garde ce bijou, présent de ta tendresse ;
A nos jeunes amans je permets d'espérer
Qu'ils s'uniront un jour ; — & pour mieux réparer
L'injure qu'a soufferte une honnète famille,
Je cours au bon Gervais redemander sa fille.

SCENE VIII.

LES PRÉCÉDENS ; D'ARANVILLE *entre au moment
où Mad. Dorsan embrasse son mari.*

D'ARANVILLE.

AH ! l'on s'embrasse ici ? —Parbleu ! c'est du nouveau,
Pour le coup.

Mad. DORSAN, *dédaigneusement.*

Vous trouvez ? —

D'ARANVILLE.

J'aime fort ce tableau.
C'est un original dont la copie est rare.

Mad. DORSAN, *avec l'air de ne gueres aimer d'Aranville.*

Elle le fera moins, Monsieur, & je déclare,

Quand de l'amitié les soins officieux
Ne troublent plus la paix qui regne dans ces lieux,
On l'y verra long-tems.

         (Elle sort.)

    D'ARANVILLE.

        Bon ! un trait d'épigramme,
Qui ne peut me blesser, décoché par ta femme :
Jusqu'à ce que ton cœur se soit bien raffermi,
Je n'en serai pas moins ton guide & ton ami.

    (Il le prend à part.)

Ainsi, la pauvre enfant, d'hier est arrivée.

   M. DORSAN, *à basse voix.*

Ah! grands Dieux, mon ami, tu ne l'as point trouvé?

    D'ARANVILLE.

Non vraiment. — Le pis est que, comme de raison,
Elle a, de prime abord, demandé ta maison,
Maison connue. — As-tu quelque valet fidele
Qui veille?

    M. DORSAN.

      Mes gens ne veillent que pour elle :
Elle passe sa vie à les interroger.

    D'ARANVILLE.

Eh bien! — si l'un de nous restait?

    M. DORSAN.

          Autre danger;
Autre objet de soupçon. —

D'A R A N V I L L E, *reflexion subite.*

Près des messageries,
Il est, comme tu sais, quelques hôtelleries.

M. D O R S A N.

Fort bien; — c'est le plus sûr.

E U G É N I E, *à Ferval, tout bas.*

Qu'ont-ils donc?

F E R V A L, *de même & bien tendrement.*

Taisez-vous.

D'A R A N V I L L E.

Ne perdons pas de tems. — Ferval, viens avec nous,
(*Bas à M. Dorsan.*)
C'est un garçon prudent qui peut nous être utile.

E U G É N I E, *naïvement.*

Vous le ramenerez?

D'A R A N V I L L E.

Oui, oui, vas, sois tranquille;
Nous répondons de lui.

(*Ils sortent.*)

SCENE IX.

EUGÉNIE, *seule.*

Mais, — voyez donc un peu
Cette rage qu'il a d'emmener son neveu !
Il aurait pu du moins me tenir compagnie : —
Me voilà toute seule ; — il faut que je m'ennuie. —
C'est bien désagréable. — Un jour ils s'uniront,
Dit ma mere ; & quel jour ? Cela sera-t-il prompt ?
Il me tarde bien fort de devenir épouse,
Seulement pour savoir si je serai jalouse. —
Quel silence à présent ! si j'allais chez Gervais ?
Non, peut-être maman le trouverait mauvais.
Il faut rester. — Que faire ? — Ah ! j'ai là les paroles
Qu'il m'a faites sur l'air dont nos dames sont folles.
Allons à mon piano. — Je ne crains plus l'ennui,
Et je chanterai bien, — la chanson est de lui.

(*Elle entre dans un cabinet où est son piano.*)

Fin du second Acte.

ACTE III.

SCENE PREMIERE.

BLAISOT, *seul.*

Parbleu! j'étais bien dupe, il en faut convenir.
Le carosse aujourd'hui n'a pas voulu venir ;
Et ce n'est ma foi pas une grande merveille :
Pourquoi? C'est qu'il était arrivé de la veille.
Un quidam me l'a dit, & comme de raison
Je m'en suis revenu tout droit à la maison.

SCENE II.

EUGÉNIE, BLAISOT.

EUGÉNIE.

Ah! ah! c'est toi, Blaisot?

BLAISOT.

   C'est moi, Mademoiselle,
Qui vous fais compliment.

EUGÉNIE.

   De quoi?

BLAISOT.

(Souriant finement.)   D'une nouvelle
Que vous savez déja, — j'en suis sûr.

E U G É N I E.

Mon Dieu! non.

B L A I S O T.

Madame de Ferval! c’eſt un bien joli nom,
Pas vrai? Qu’en penſez-vous?

E U G É N I E.

Bien plus joli qu’un autre.

B L A I S O T.

Eh bien! ce joli nom ſera bientôt le vôtre.

E U G É N I E.

Quoi! tu ſais?

B L A I S O T, *avec une fineſſe confiante.*

Chut! — Suffit que je fais le fin mot,
Tout eſt dit; — & celui de Madame Blaiſot,
Comment le trouvez-vous?

E U G É N I E.

Charmant!

B L A I S O T.

C’eſt à Juſtine
Que votre ſerviteur aujourd’hui le deſtine:
Je me fais un devoir de vous en prévenir;
Mais je ne la vois pas.

E U G É N I E.

Elle va revenir,
Peut-être. —

BLAISOT.

Elle est dehors?

EUGÉNIE.

Pour une bagatelle.

SCENE III.

LES PRÉCÉDENS, Mad. DORSAN.

EUGÉNIE, *à sa mere qui entre.*

Eh bien! chere maman! Justine revient-elle?

Mad. DORSAN.

Justine était absente— avant la fin du jour.
J'irai la voir encore & presser son retour,
Auquel je crois pourtant que j'ai tort de prétendre.
Elle est fiere, ta Bonne!

EUGÉNIE.

Oui ; mais elle est si tendre.

BLAISOT, *avec l'air d'en savoir quelque chose.*
Oh! pour ça j'en réponds.

EUGÉNIE.

Si vous le permettez,
Je vais dans un billet lui peindre vos bontés.
Blaisot le portera.

Mad. DORSAN.

Soit. — Dis bien à ta Bonne,
Que je l'attends ici pour qu'elle me pardonne.
A propos, j'oubliais un grand événement ; —
J'ai trouvé mon mari, son ami, ton amant,
Qui tous trois, m'ont-ils dit, alloient chez un Notaire.
Devines-tu pourquoi ?

EUGÉNIE, *souriant ingénument.*

Non, mais laissez-les faire.
Ah ! si je dois avoir mon amant pour époux,
Il me sera plus cher en le tenant de vous.

(*Elle sort.*)

SCENE IV.

Mad. DORSAN, BLAISOT, *à l'écart.*

Mad. DORSAN, *à part.*

LE mal qu'on fait n'est rien près du mal qu'on
redoute.
Pour séduire un valet je sens ce qu'il m'en coûte ;
Mais il faut à mon fort payer ce vil tribut :
Tâchons donc d'amener ce valet à mon but.

(*Haut.*)

Tu t'éloignes, Blaisot ? tu supposes, je gage,
Que je vais te gronder ? —

BLAISOT,

Blaisot, *à part.*

Mais c'est assez l'usage.

Mad. DORSAN.

Approche & ne crains rien. — Pourtant, à la rigueur,
Je pourrais t'accuser des tourmens de mon cœur.

BLAISOT.

Moi! Madame?

Mad. DORSAN.

Oui, Blaisot. C'est toi qui suis ton maître
En tout tems, en tous lieux; — toi seul peux donc
connaître
Les endroits qu'il fréquente & tout ce qu'il y fait.
Je sens que mon bonheur ne peut être parfait,
Si d'un époux si cher j'ignore la conduite.
Tu vois, par ton silence, à quoi tu m'as réduite,
A le persécuter, à vous tourmenter tous;
Va, quand l'amour voit clair, l'amour n'est point jaloux.

BLAISOT.

C'est vrai: mais par malheur on dit qu'il n'y voit goutte.
Le vôtre, par exemple, est toujours dans le doute;
A vous ouvrir les yeux on met tout son savoir,
Et vous, — vous les fermez exprès pour ne rien voir,
Ou bien vous les ouvrez pour voir tout effroyable.
Si j'accusais Monsieur, oh! je serais croyable!
Mais comme je ne puis en dire que du bien,
Blaisot vous est suspect, & Blaisot ne dit rien:

E

Oh! que je ne fais pas comme ces domestiques,
Bien louches, bien fripons, flatteurs, bien politiques,
Qui pour vous trahiront votre époux aujourd'hui,
Et demain à coup sûr vous trahiront pour lui.
Je ne sais, d'honneur, pas à quoi pensent les maîtres,
De prodiguer l'argent pour s'entourer de traîtres!
Moi, j'ai pris mon parti: — tout entendre, tout voir,
Ne pas souffler le mot; — c'est là tout mon devoir.

Mad. DORSAN.

Ce procédé, Blaisot, te paraît-il honnête,
Quand un mot peut calmer & mon cœur & ma tête?
Si tu n'as de ton maître à dire que du bien,
Te taire, c'est risquer son repos & le mien.
Malgré l'intimité du nœud qui nous rassemble,
L'usage nous défend d'être toujours ensemble;
Mais qu'il me serait doux d'apprendre à son retour,
Que même en mon absence il songe à notre amour;
Que je suis en tous lieux présente à sa pensée!
En quoi ta probité serait-elle offensée?
En quoi trouverais-tu blâmable ou dangereux,
Un zèle qui rendrait deux époux plus heureux?

BLAISOT.

Vraiment je parlerais, ce n'est pas là l'histoire;
Mais qui me répondra que vous voudrez me croire?
Car passer pour menteur lorsque l'on dit le vrai,
C'est fort désobligeant.

Mad. D o r s a n.

Eh bien! faisons l'état.
Sur ta sincérité me voilà rassurée.
Tes soins entretiendront la douce paix jurée
Entre ton maître & moi.

B l a i s o t.

Depuis quand?

Mad. D o r s a n.

De tantôt.

B l a i s o t.

Pour combien?

Mad. D o r s a n.

Pour toujours; il ne tient qu'à Blaisot.

B l a i s o t.

Il faudrait donc vous rendre un compte?

Mad. D o r s a n.

Oui, bien fidèle.

B l a i s o t.

Oh! si je vous promets, fiez-vous à mon zèle; —
Et puis, d'ailleurs, faisons un accord entre nous:
Janine va rentrer; — me voilà son époux: —
Tandis que j'épierai le mari de Madame,
Il faudra que Madame épie aussi ma femme;
Et puisque de nos cœurs le repos dépend d'eux,
Nous aurons intérêt à dire vrai tous deux.

Mad. Dorsan, *se détournant.*

Jufte Ciel! à ce point j'ai pu me compromettre! —
Allez voir fi ma fille acheve enfin fa lettre.

(*Blaifot fort.*)

(*feule.*)

Ferval m'a refufée au nom de l'amitié :
Blaifot veut avec lui me mettre de moitié.
Voilà le prix honteux d'un honteux ftratagême.
C'en eft trop, — il eft tems de rentrer en moi-même; —
Ceffons de tourmenter, d'outrager mon époux :
Sur fa fidélité puifqu'ils s'accordent tous,
Croyons, pour mon repos, qu'il eft ce qu'il doit être.

Un Voiturier, *à un Valet dans la couliffe.*

De ce logis, enfin, montrez-moi donc le maître?

Mad. Dorsan.

Vous voyez la maîtreffe.

Le Voiturier.

Ah ! Madame, — excufez.
Voilà mon mémento, — tenez, — voyez, — lifez.

(*Il prefente fon livre à Mad. Dorfan, qui lit ce qui fuit.*)

Allez chez M. Dorfan, de la part d'une jeune
perfonne qui lui eft adreffée de Tours, & lui annon-
cer fon arrivée.

Quand elle a lu, le Voiturier reprend fon regiftre.)

Eh ! quelle eft, mon ami, cette jeune perfonne ?

LE VOITURIER.

Ah! je n'en fais rien; — mais, à ce que je soupçonne,
Elle est très-comme il faut. — J'aurais bien dû venir
hier au soir, — mais on est trop pressé pour tenir
Tout ce que l'on promet.

Mad. DORSAN.

Qu'est-elle devenue?

LE VOITURIER.

Je la crois dans l'auberge où je l'ai descendue.
Dans une auberge, là, — tout près de nos bureaux.

Mad. DORSAN.

(à part.)
O Ciel! faut-il m'attendre à des tourmens nouveaux !
(Haut.)
Conduisez-moi, — je veux l'aller chercher moi-même.

LE VOITURIER, avec confiance.

Vous allez bien l'aimer, car tout le monde l'aime.

(Elle sort avec le Voiturier.)

SCENE V.

BLAISOT, seul, ensuite CLÉMENCE.

BLAISOT.

Madame, — ah! ah! Madame, & la voilà qui part;
Bon voyage; — pourtant je suis un fin renard.

(Oui... c'est la vérité, ... œil me cherchait l'ame;)
Et si Monsieur ne fait rien qui mérite le blâme,
B...... à la Cour, bien loin de l'avertir,
Q... à mesure de Latin, j'aimerais mieux sortir.
C'est un cruel tourment ... que cette jalousie!
Apaisons-... laissons la faire à sa fantaisie,
Et libre une fois par le renvoi conjugal,
Allons, Justine & moi, chez Monsieur de Ferval.
Il faut absolument changer de domicile,
Parce que, dans le vrai, j'aime à vivre tranquille.
Souvent, sur le bonheur, j'entends de beaux propos;
Le bonheur, mes amis, n'est rien que le repos.
Eh! bon Dieu! que de tems pour un chiffon de lettre!
Finira-t-elle? —Ah! ah!

(Il voit Clémence, conduite par un Valet, qui se retire
après l'avoir amenée dans le sallon.)

CLÉMENCE, *arrivant à pas lents.*

Quel accueil me promettre,
Hélas!

BLAISOT, *s'approchant.*

Mademoiselle, un minois si joli
Vous en promet un bon.—

CLÉMENCE

Vous êtes trop poli,
Monsieur.

BLAISOT.

Moi! point du tout; votre figure annonce.—

CLÉMENCE, *à part.*

L'avis n'est point reçu, puisqu'il est sans réponse.

BLAISOT, *familièrement.*

Qui vous amene ici ?

CLÉMENCE.

C'est à Monsieur Dorsan
Que je voudrais parler, Monsieur.

BLAISOT.

Il est absent.

CLÉMENCE,

Eh bien ! je reviendrai.

BLAISOT, *l'arrêtant par le bras.*

Vous êtes bien pressée ; —
Contez-moi.

CLÉMENCE.

C'est à lui que je suis adressée.

BLAISOT, *à part.*

Ah ! pourquoi pas à moi ?

CLÉMENCE.

C'est lui qui doit savoir
L'objet qui me conduit.

BLAISOT.

En ce cas, au revoir.
Si vous voulez demain faire votre visite,
Vous trouverez Monsieur.

SCENE VI.

EUGÉNIE *survient, & donne sa lettre à Blaisot.*

Tiens, mon ami, va vîte.

(*A part.*)
Ah! l'aimable personne!
(*Elles se saluent ; Blaisot les regarde avec étonnement.*)

EUGÉNIE, *avec un petit dépit.*

Allons, Blaisot, va-t-en.

BLAISOT.

(*bas à l'oreille de Clémence.*)
Je pars.— Mademoiselle est, de Monsieur Dorsan,
La fille, (fille unique) & se nomme Eugénie.
(*Il sort très-vîte après cette confidence.*)

SCENE VII.

EUGÉNIE, CLÉMENCE.

EUGÉNIE, *regarde quelque tems Clémence avec beaucoup d'attention, mêlée d'intérêt ; & dit naïvement.*

JE sens, en vous voyant, une joie infinie,
Mademoiselle, — vrai.

CLÉMENCE.

C'est un grand bien pour moi.

E U G É N I E.

(*à part.*)

Ah! tant mieux. Mon cœur bat, je ne sais pas pourquoi.
Eh! quelle est-elle donc cette jeune étrangere?

(*Haut.*)

Qui depuis un instant? — Rassurez-vous, ma chere.

(*A part.*)

Pourquoi donc à la voir ai-je tant de plaisir?
Que de la voir toujours j'ai déja le desir?

(*Haut, après un tems.*)

Tenez, — embrassons-nous, — car je m'en meurs
d'envie.

C L É M E N C E.

Ah! d'un si doux accueil que mon ame est ravie!
Je sens couler mes pleurs.

E U G É N I E.

Je vais pleurer aussi.
C'est singulier! — Qui peut nous attendrir ainsi?

C L É M E N C E.

Vous, c'est la pitié: — moi, c'est la reconnoissance.

E U G É N I E.

Vous ne m'en devez pas. — Je cede à la puissance
D'un sentiment bien doux, qui n'est point la pitié;
Et je croirais plutôt que c'est de l'amitié.

CLÉMENCE.

Je suis plus digne, hélas! de l'une que de l'autre,
Et je viens l'implorer.

EUGÉNIE.

Quel sort est donc le vôtre?
Dites, ma bonne amie? oh! dites-moi bien tout,
Si de vous obliger je puis venir à bout,
Savez-vous qui des deux sera la plus heureuse?
Eh bien! ce sera moi.

CLÉMENCE.

Quelle ame généreuse!

EUGÉNIE.

Eh! mon Dieu! calmez-vous. — Vous voilà toute en
pleurs;
Vous avez sûrement eu de bien grands malheurs.

CLÉMENCE.

Un seul les a fait tous; — c'est ma triste naissance,
Le sort de mes parens m'ôta la connoissance.
Dès l'enfance, élevée aux environs de Tours,
J'ai dû tout mon bien-être aux généreux secours
Que daignait m'accorder Monsieur Dorsan.

EUGÉNIE, *avec feu.*

Mon pere?

CLÉMENCE.

Lui-même; — il me donna, pour me servir de mere,
Une femme prudente & pleine de raison:

J'habitai dix-huit ans sa paisible maison. —
Avec tant de vertus, pourquoi faut-il qu'on meure?

ÉUGÉNIE.

Elle est morte?

CLÉMENCE.

Hélas! oui, — jour & nuit je la pleure;
Mais à Monsieur Dorfan je devais cet appui,
Et je viens en chercher un autre auprès de lui.

ÉUGÉNIE.

Ah! comptez sur mon pere, — il le fera lui-même.
L'avez-vous déja vu?

CLÉMENCE.

Non, jamais, — & je l'aime;
Je l'aime — cent fois plus qu'un simple bienfaiteur,
Et comme de ses jours on aimerait l'auteur.
Par vos soins généreux je le verrai, j'espere:
Sans peine, en le voyant, je croirai voir mon pere.

ÉUGÉNIE.

Et moi, je me promets mille & mille douceurs;
Si vous restez ici, — nous ferons les deux sœurs.

CLÉMENCE.

Ah! par quel doux penchant je me sens entraînée!

ÉUGÉNIE.

Vous avez dix-huit ans?

CLÉMENCE.

Oui

E U G É N I E.

Vous ferez l'aînée :
Moi, je n'en ai que quinze.

C L É M E N C E.

A ce titre fi doux,
Mon deftin me défend d'afpirer près de vous ;
Mais fi, compagne heureufe. ——

E U G É N I E.

Et vraiment —— je l'abord.
Attendez ; — reftez-là, —— je vais chercher ma mere.
Je la crois au jardin ; — dès qu'elle vous verra,
Ici, je vous réponds, qu'elle vous parlera.

(Eugénie fort en courant.)

C L É M E N C E, feule.

Si la mere a pour moi les bontés de la fille,
Un doux rayon d'efpoir à mes yeux enfin brille.

———————————————————————

SCENE VIII.

CLÉMENCE, M. DORSAN ; enfuite
D'ARANVILLE, puis FRERVAL,

C L É M E N C E.

J'ENTENDS. ——

M. DORSAN.

Qu'on m'avertiffe & qu'on n'y manque
Quelle femme ! grands Dieux ! —— elle accourt
pas.

C L É M E N C E.

Monſieur. —

M. D O R S A N,

Que vois-je, ô ciel ! ma ſurpriſe eſt extrême.

C L É M E N C E.

Eſt-ce Monſieur Dorſan ?

M. D O R S A N, *avec le plus grand trouble.*

(*A part.*)   Oui, mon enfant, lui-même !
Dieux ! quel portrait frappant !

C L É M E N C E.

Je tombe à vos genoux. —
Vous voilà donc enfin ! — & je puis. —

M. D O R S A N, *avec effroi.*

Levez-vous.
Clémence eſt votre nom ?

C L É M E N C E.
Oui.

M. D O R S A N, *à part.*

Je crois voir ſa mere.

C L É M E N C E.

Mon aſpect vous afflige ?

M. D O R S A N, *avec trouble.*

Eh ! que dis-tu, ma chere ?
(*A part.*)
Ah ! viens, viens dans mes bras. — On me ſuit. —
Quel effroi ! —

CLÉMENCE, *avec la plus grande sensibilité.*

Mon bienfaiteur! mon pere!

D'ARANVILLE, *survenant brusquement.*

Est-ce elle?

M. DORSAN, *toujours troublé.*

Oui.

D'ARANVILLE, *s'emparant de Clémence, lui dit*

(*A M. Dorsan.*)   Suivez-moi

Un seul instant plus tard elle était découverte.
On accourt. — Du jardin la porte est-elle ouverte?

M. DORSAN.

Voilà la clef.

D'ARANVILLE.

C'est bon.

CLÉMENCE, *effrayée.*

Qu'est-ce donc?

D'ARANVILLE, *à Clémence.*

Calmez-vous

(*A M. Dorsan, très-vîte.*)

C'est ici, mon ami, qu'il faut braver les corps,
Garde sur ton secret un silence intrépide;
Songe que de ton sort cette crise décide.
Pour plus de sûreté c'est chez moi que je vais;
Quand il en sera tems nous irons chez Gervais.

FERVAL, *accourant.*

Voici Madame

M. D O R S A N.

Ah! Dieux!

D'A R A N V I L L E.

(*A M. Dorfan.*)

Allons vîte. — Toi, refte.

Ferme & froid, — c'eft ton rôle.

(*Il fort avec Clémence & Ferval , par la porte qui
conduit au jardin.*)

***

S C E N E   IX.

M. DORSAN, Mad. DORSAN,

M. D o r s a n , *à part.*

ACHARNEMENT funefte!
Sans égard aux bureaux, accourir en fureur !
Compromettre mon nom , le fien.

Mad. D o r s a n , *mielleufement ironique.*

C'eft une horreur ,
N'eft-il pas vrai, Monfieur?

M. D o r s a n , *froidement & toujours de même.*

Ah! vous voilà, Madame?

Mad. D o r s a n.

Oui , très-fidele époux, c'eft votre chere femme ,
Qui vient de demander , fans rufe , fans détours,
Quel objet précieux vous attendiez de Tours.

M. DORSAN.

Eh bien! vous l'a-t-on dit?

Mad. DORSAN.

(Paisiblement.)   (En fureur.)
Oui, Monsieur; oui , parjure!
Quoi! c'est dans le moment où ta bouche me jure
D'épargner désormais à mon cœur malheureux,
Des soupçons dévorans & des tourmens affreux:
C'est dans le doux moment où ce cœur plus tranquille,
Pour jamais dans le tien croit trouver un asyle ,
Qu'abusant lâchement de ma crédulité,
Tu fais les noirs apprêts d'une infidélité !
Cette fille, voyons, réponds-moi! — quelle est-elle?
Ceux à qui j'ai parlé m'ont dit qu'elle était belle.
Qui l'amene à Paris? & pour quelle raison ,
A-t-elle en arrivant demandé ta maison?

M. DORSAN.

Il est tout naturel qu'un ami me l'envoie,
Et je la recevrais avec bien de la joie.

Mad. DORSAN.

Il est fort bien trouvé cet ami prétendu;
Mais sur un mot d'avis on doit être attendu,
En avez-vous un?

M. DORSAN, féchement.
Non.

Mad. DORSAN.
Pourquoi donc, je vous prie,
A-t-on

A-t-on vu ce matin à la Ménagerie,
Un de vos gens, — Blaisot, s'informer dans les cours? —
Justement le voici qui vient à mon secours. —

M. DORSAN, *impatienté.*

Je n'entends pas du tout ce que vous voulez dire.

SCENE X.

LES PRÉCÉDENS, BLAISOT, *arrivant.*

BLAISOT.

Chez son pere à jamais Justine se retire,
Madame.

Mad. DORSAN.

En ce moment, tu viens fort à propos,
N'est-il pas vrai? —

M. DORSAN.

De grace, épargnez mon repos,
Madame, il en est tems. — Vous voudriez bien per-
mettre
Que je trouve mauvais de me voir compromettre
Avec tous vos valets. — Je le fus jusqu'à présent,
La dupe de mon cœur, trop bon, trop complaisant.
C'est assez; — cette vie à la fin m'importune.
De deux choses, Madame, il faut adopter l'une,
Et sortir à la fin d'un si pénible état.
Je suis un mari tendre, ou je suis un ingrat.

F

Si de déloyauté j'ai donné quelque signe,
Epargnez-vous des pleurs dont je ne suis pas digne.
Le plus prompt abandon, le plus parfait mépris,
Des crimes d'un époux doivent être le prix :
Mais si toujours amant d'une épouse adorée,
J'ai scrupuleusement gardé la foi jurée ;
Si mes dieux ont été mon amour & l'honneur,
Mon épouse est injuste, ou me doit le bonheur.

Mad. DORSAN.

Fais donc le mien, cruel ! & si je te suis chere,
Apprends-moi sur le champ quelle est cette étrangere ;
D'où tu peux la connaître?— Eh bien ! que réponds-tu?
Songe que ton silence expose ta vertu
A de fâcheux soupçons, & que ta protégée
Pourrait être à son tour sévérement jugée :
Elle est dans l'infortune ;— on vante ses appas.
Riche & compatissant, tu peux.—

M. DORSAN.

                                    N'achevez pas.
J'allais le dévoiler cet innocent mystere :
Vous m'avez éclairé ;— je dois,— je veux me taire.

Mad. DORSAN, *avec fureur.*

Et moi, que tes noirceurs enfin poussent à bout,
Je deviens furieuse & capable de tout.
Errant depuis seize ans dans une nuit obscure,
Qu'épaississait pour moi ton adroite imposture,
J'ai paru jusqu'ici t'accuser sans sujet.—

A la fin, mes soupçons ont trouvé leur objet.
Tu n'appelleras plus ma juste jalousie,
Acharnement cruel, aveugle frénésie ;
Mais ne te flatte pas, homme artificieux !
De dérober long-tems ma rivale à mes yeux,
Dusses-tu la cacher au centre de la terre,
Je la découvrirai,

BLAISOT.

Mais c'est comme une guerre,
Cette paix-là.—

Mad. DORSAN.

Que dis-je ! où vais-je m'égarer !
Le parti le plus sage est de nous séparer,
Monsieur ; nous ne pouvons désormais vivre ensemble;
Nous maudissons tous deux le nœud qui nous rassemble :
En brisant nos liens, nous serons plus heureux.

M. DORSAN.

Oui, vous avez raison, — ces liens douloureux
Ont assez tourmenté ma déplorable vie.
Séparons-nous.

Mad. DORSAN.

Cœur vil ! c'est ta plus chere envie !
Tu veux ta liberté, — mais tu ne l'auras pas.
Je vais, dès ce moment, m'attacher à tes pas:
Je te suivrai par-tout, — je veux être ton ombre.

M. DORSAN, avec force,

Finissons, — je suis las des outrages sans nombre

Que j'ai, sans murmurer, soufferts jusqu'à ce jour.
La haine est préférable à votre affreux amour.
Pour la dernière fois, je vous prie peut-être;
Pour la première fois te vois ... en maître.
Vous me l'avez appris : — la faveur d'aujourd'hui,
Votre époux, désormais, veut commander chez lui.
Jusqu'ici j'ai voulu vous laisser la maîtresse
D'... tous les papiers venus à mon adresse;
Qu' cela ne soit plus : — stylés à me trahir,
Q... mes gens, à moi seul, commencent d'obéir;
Sans cela, point de grâce, — ils sont tous à la porte.
Le soir ou le matin, que j'entre ou que je sorte,
J'entends, autour de moi, n'avoir plus d'espions,
Et sauvez-moi, sur-tout, l'ennui des questions;
Je fus assez long-tems outragé par vos doutes.
Que ceci soit, chez moi, dit une fois pour toutes:
Que ce ... à la lettre, y soit exécuté;
Car si par vous encor je fus persécuté,
C'est moi, — moi qui de vous à jamais me sépare.
Vous connaîtrez un jour l'erreur qui vous égare;
Vous maudirez vos tours, vos soupçons insultans;
Vous voudrez revenir, — il ne sera plus tems.
Adieu, Madame.

(Il rentre chez lui, & ferme brusquement sa porte.)

Mad. D O R S A N, *prête à s'évanouir.*

O Ciel! c'est ainsi qu'il me laisse; -
Je succombe.—

BLAISOT, *courant à elle.*

Madame! — Elle tombe en faiblesse. —

(*Mad. Dorsan se laissant aller sur Blaisot.*)

BLAISOT, *la traînant à un fauteuil.*

Monsieur! — holà, Monsieur! — venez la secourir, —
Il est sourd.

Mad. DORSAN, *se levant brusquement.*
Le cruel me laisserait mourir!

BLAISOT, *stupéfait & à part.*

Tiens, moi qui la croyais tout près de l'autre monde,
Se trouver mal, & bien, en moins d'une seconde!
Ma foi, c'est fort adroit.

SCENE XI.

LES PRÉCÉDENS, EUGÉNIE, FERVAL.

Mad. DORSAN, *à part.*

O BARBARE Dorsan!

EUGÉNIE, *à Ferval en entrant.*
Je veux parler, vous dis-je, à ma chere maman.
Vraiment, si j'en croyais votre éternelle envie,
A jaser avec vous je passerais ma vie.

Mad. DORSAN,

Qu'avez-vous à me dire ?

Mad. DORSAN.

En deux mots, le voici.

(*A ces mots Dorsan sort de son appartement, & se tient à l'écart.*)

Une jeune personne est arrivée ici
Depuis une heure, au plus, & demandait mon pere.

Mad. DORSAN, *avec feu.*

(*A part.*)

Acheve, mon enfant : — je saurai le mystere.

EUGÉNIE.

Elle est jolie, elle a sur-tout de grands malheurs ;
Qu'elle contait si bien, que je fondais en pleurs.

(*A Ferval, qui la tire par sa robe pour l'empêcher de continuer.*)

Laissez-moi donc parler.

Mad. DORSAN, *à Ferval, avec sévérité.*

(*A sa fille.*)

Monsieur, — poursuis, ma fille.

EUGÉNIE.

La pauvre infortunée ignore sa famille ;
Mon cher papa, dit-elle, est son unique appui.
J'ai couru vous chercher ; — car vous, — c'est comme lui.

Mad. D O R S A N.

Où donc eſt-elle enfin?

E U G É N I E.

Chez Monſieur d'Aranville.
(*Ici Dorſan ſort précipitamment.*)
C'eſt lui probablement qui lui donne un aſyle ;
Moi, j'aurais deſiré que vous puiſſiez la voir,
Parce qu'à la maiſon j'aurais voulu l'avoir
Avec Juſtine.

. B L A I S O T.

Ah! oui : Juſtine eſt chez ſon pere,
Et n'en veut pas ſortir.

E U G É N I E.

Quoi! toujours en colere !
J'irais bien, ſi maman voulait.

Mad. D O R S A N.

Soit, je le veux,
(*A part.*)
Blaiſot va t'y conduire : ils me gênaient tous deux.

(*Eugénie & Blaiſot ſortent : Ferval voudrait les ſuivre ;
Mad. Dorſan l'arrête.*)

SCENE XII.

Mad. DORSAN, FERVAL.

Mad. DORSAN.

Abrégeons les discours, abrégeons mon supplice.
Je vous l'avais bien dit ; vous êtes leur complice.

FERVAL, *avec effroi.*

De qui ?

Mad. DORSAN.

Vous m'entendez. — Un enfant, par un mot,
Vient de déconcerter cet odieux complot ;
Et vous favorisez ces manœuvres indignes,
Vous !

FERVAL.

Madame, en honneur. —

Mad. DORSAN.

N'ai-je pas vu vos signes,
Et n'indiquaient-ils pas, avec trop de clarté,
Le plan de trahison entre vous concerté.

FERVAL, *avec la plus grande chaleur.*

Réfléchissez, Madame ! est-il bien vraisemblable
Qu'à ce point envers vous je veuille être coupable ?
Supposons que je puisse oublier mon honneur ;
Vous tromper, — n'est-ce pas renoncer au bonheur
Que vous avez daigné promettre à ma tendresse ?

Du deſtin de mes jours n'êtes vous pas maîtreſſe ?
Et puis-je vous trahir ſans me ſacrifier ?

Mad. DORSAN.

Il faut plus que des mots pour vous juſtifier.
Chez votre oncle par vous je veux être conduite,
Avant qu'on ait le tems de ménager ſa fuite ;
Je prétends la chercher dans toute la maiſon,
Et ſavoir une fois ſi j'ai tort ou raiſon.

FERVAL.

(*A part.*)   (*Haut.*)
Nous voilà tous perdus ! Madame ſait peut-être,
Que dans cette maiſon je ne ſuis pas le maître ?

Mad. DORSAN.
Défaite.

FERVAL.

Examinez. ——

Mad. DORSAN.

Je n'examine rien.
Partons, ou plus d'hymen. —— Voyez, penſez-y bien.

FERVAL, *à part.*
Ou les expoſer tous, ou perdre ce que j'aime.

Mad. DORSAN.
Vous héſitez, Monſieur ? eh bien ! j'irai moi-même.

FERVAL.
Arrêtez ; —— je vous ſuis.

Mad. D o r s a n.

Votre main.

F e r v a l.

(*A part, en sortant.*)   La voilà.
Dieux ! un prodige seul peut nous tirer de-là.

(*Ils sortent.*)

Fin du troisieme Acte.

ACTE IV.

Le Théâtre représente la maison de Gervais.

SCENE PREMIERE.

GERVAIS, JUSTINE.

GERVAIS, *rangeant quelques meubles par-ci, par-là.*

Bon! tout est à peu près comme le veut mon maître.
Un meuble simple & propre, hein? tu dois t'y con-
   naître;
Toi, qu'en dis-tu?

JUSTINE, *soupirant.*

   Très-bien; mais pourquoi ces apprêts?
Pourquoi les fallait-il, si prompts & si secrets?
Quelle est donc, en un mot, cette jeune personne,
Qui doit vivre chez vous & sans qu'on l'y soupçonne?

GERVAIS.

Pourquoi ces questions?

JUSTINE.

   Je ne sais; mais je crains
De grands troubles pour eux, pour vous de grands
   chagrins.

GERVAIS.

Écoute, mon enfant. Mon maître avait un pere,
Du quel, heureusement, le fils en tout differe.
L'un était dans ses goûts, ardent, impétueux ;
L'autre est modéré, sage, & vraiment vertueux.
L'un voulait m'enrichir pour caresser ses vices ;
L'autre me chasserait pour de pareils services.
Un homme tel que lui ne fait rien sans raison.
Penses-tu que j'aurais accepté sa maison,
Si son intention m'avait été suspecte ?
On respecte toujours celui qui se respecte.
Et de ce lieu pour nous s'il veut se dépouiller,
Son projet, à coup sûr, n'est pas de le souiller.

JUSTINE.

Douter de sa vertu ! que le ciel m'en préserve !
Mon pere ! & le moyen quand elle se conserve
Au milieu des assauts que par excès d'amour,
Sa jalouse moitié lui livre nuit & jour ;
Mais voilà justement le motif de ma crainte.
A fuir un lieu chéri son erreur m'a contrainte :
Vous savez à présent si c'était une erreur.

GERVAIS.

N'en parlons plus.

JUSTINE.

            Eh bien ! cette même terreur
Que je lui causais, moi, qui n'en étais pas digne ;
Pensez à son effet, pour peu qu'un léger signe

Lui fasse appercevoir que vous avez chez vous
Quelqu'un qu'entre vos mains a remis son époux.

GERVAIS.

Mais ce signe fatal il faut qu'on le lui donne.

JUSTINE.

L'œil jaloux n'a besoin du secours de personne.
Elle devinera.

GERVAIS.

Soit; — mais le pis-aller?
Voyons. — Que sa fureur vienne ici s'exhaler,
Je ne dirai qu'un mot. Chez moi je suis le maître,
Madame. Si chez lui Monsieur ne veut pas l'être,
Tant pis. — J'obéissais quand c'était mon devoir;
Sur Gervais maintenant vous n'avez nul pouvoir.
Qu'aurait-elle à répondre? Ah! pour braver l'orage,
Que mon maître n'a-t-il un peu de mon courage?
Mais puisqu'il n'ose rien, je me dois aujourd'hui,
Au soin de le servir & d'oser tout pour lui.

JUSTINE.

Puisse un tel dévoûment, digne au fond qu'on l'ap-
  prouve,
Ne pas accroître encor les tourmens qu'il éprouve!
Et puissiez-vous sur-tout n'en être pas puni!

GERVAIS.

Va, va, je ne crains rien.

※

SCENE II.

LES PRÉCÉDENS, EUGÉNIE, BLAISOT.

EUGÉNIE, *à Justine.*

EH bien! c'est donc fini?
Tu ne veux pas venir, ma Bonne?

JUSTINE.

Quoi! vous-même,
Vous daignez? —

EUGÉNIE.

Tais-toi donc. — Tu sais bien que je t'aime,
Tu peux ne plus vouloir demeurer avec moi;
Mais, moi, je ne peux pas rester long-tems sans toi.

JUSTINE, *à Eugénie.*

Vous ajoutez sans cesse à ma reconnoissance.
    (*A Gervais.*)
Mon pere! vous saurez que pendant votre absence,
J'ai reçu d'Eugénie un message bien doux,
Et j'allais à l'instant en causer avec vous.
            (*A Eugénie.*)
Voyez quelle bonté! — Vous vouiez bien permettre
Que je montre à mon pere une aussi chere lettre?

EUGÉNIE, *à Justine.*
    (*A Gervais.*)
Oui; — mais je te préviens que c'est fort mal écrit,

D'abord : — j'ai bien un cœur ; mais je n'ai pas d'esprit.

GERVAIS.

Aimable enfant ! —

EUGÉNIE, *à Justine.*

Veux-tu pardonner à ma mere ?

JUSTINE.

Moi, j'ai tout oublié. — Détruisez sa chimere ;
Je jure qu'à l'instant je marche sur vos pas.

BLAISOT, *avec importance.*

Moi, je vous avertis que je n'y consens pas.

EUGÉNIE.

Eh ! pourquoi donc, Blaisot ?

BLAISOT.

(*A Justine.*)   Madame est trop jalouse ;
Si vous y retournez, cherchez qui vous épouse ;
Parce que, voyez-vous. —

JUSTINE.

Quand vous aurez fini,
Vous nous avertirez. —

BLAISOT.

Moi, je suis tout uni,
D'abord.

EUGÉNIE.

Mais tais-toi donc.

JUSTINE.

Mon aimable maîtresse,

Je reviendrais ; — mon cœur, vos bontés, tout m'en
       presse ;
Mais quiconque est jaloux, est près d'être inhumain.
Outragée aujourd'hui, je le serais demain ;
Et bientôt sous vos yeux avec ignominie,
Pour la seconde fois je me verrais bannie.
Faisons mieux. Avant peu vous aurez un époux.
L'hymen fait, à l'instant je vole auprès de vous ,
Si ce plan toutefois a l'aveu de mon pere.

E U G É N I E.

Eh bien ! voilà parler. — Embrasse-moi, ma chere.
Et toi, Gervais, consens ; va, tu ne risques rien :
Je réponds qu'avec moi ta fille sera bien.

G E R V A I S.

J'y consens de bon cœur. Loin que son sort m'alarme ,
Je l'envie.
B L A I S O T, à Justine.

      A présent cela va comme un charme.
Touchez-là, mon enfant, je vous épouserai.

J U S T I N E, à part.

Et moi, Monsieur Blaisot, je vous corrigerai

SCENE III.

SCENE III.

Les Précédens, M. DORSAN, CLÉMENCE,
M. D'ARANVILLE,

GERVAIS.

Quel bruit !

M. DORSAN,

C'est moi,

EUGÉNIE, à *Justine,*

C'est elle.

CLÉMENCE.

Ah ! Dieux !

M. DORSAN.

Calmez vos craintes,
En ce lieu, mon enfant, vous êtes hors d'atteintes.
(*A part, voyant Eugénie.*)
Ciel ! ma fille ! — Il est dit qu'on ne peut l'éviter,
(*Haut.*)
Que fais-tu donc ici ?

EUGÉNIE.

Je venais inviter
Justine à revenir de la part de ma mere.

M. DORSAN,

Justine désormais doit rester chez son pere.

G

D'A R A N V I L L E, *bas.*

Nous sommes en repos, pour un inftant du moins,
Profitons-en, je veux te parler fans témoins.

M. D O R S A N.

(*bas.*)   (*haut.*)

Moi de même.— Gervais, tu vois la Demoifelle
Qui doit loger chez toi.

J U S T I N E.

Grands Dieux ! comme elle eft belle !

B L A I S O T,   *à Juftine & Gervais.*

Ne vous l'ai-je pas dit ? belle comme le jour !

M. D O R S A N,   *à Clémence.*

Des vertus, mon enfant, c'eft ici le féjour.
Sans doute il aura droit de vous plaire à ce titre ;
Mais je veux qu'en ce point votre goût foit l'arbitre,
Il faut aimer le lieu que l'on doit habiter.
Avec le bon Gervais allez le vifiter.

(*bas à Gervais.*)

Amufe-les.

G E R V A I S,   *à qui fon maître a fait des fignes, & qui*
les a bien compris, dit à Eugénie , Juftine & Blaifot.

Venez tous voir mon hermitage.
J'ai fait des changemens qui vous plairont , je gage.

(*Ils fortent avec Clémence.*)

✳

SCENE IV.

M. DORSAN, D'ARANVILLE.

D'ARANVILLE.

Enfin nous voilà seuls! — Ah çà, mon doux ami,
Tu ne laisseras pas ton ouvrage à demi,
J'espere?

M. DORSAN.

Oh! j'en réponds.

D'ARANVILLE.

       Bien. Malgré ton courage,
Tu viens pourtant ici pour éviter l'orage
Qu'Eugénie excitait; — mais par quelque hasard,
Crois que le grand secret percera tôt ou tard.
         (avec fermeté.)
Alors que feras-tu? voyons, — parlons en hommes,

M. DORSAN, avec embarras.

Que ferois-tu toi-même? Au point où nous en sommes,
Il faudrait bien, après avoir tant combattu,
De la nécessité se faire une vertu.

D'ARANVILLE.

Tout dire? & ton serment?

M. DORSAN.

       Mais tu voulais toi-même.—

G ij

D'ARANVILLE.

Oui, quand il était tems. Dans mon premier fyftême,
Ta fille, en arrivant, te rendait le pouvoir,
Qu'au fein de fa famille un mari doit avoir.
Tu fubjuguais ta femme ; — à préfent, au contraire,
Qu'elle fait qu'à fes yeux tu voulus la fouftraire,
Tu verferais ton fang pour prouver le lien
Qui t'unit à Clémence, — elle n'en croira rien.
Entre ta fille & toi fa fureur fera juge.
Menfonge, crîra-t-elle, infâme fubterfuge !
Et bien loin de tarir la fource de tes maux,
Cet aveu déplacé t'en promet de nouveaux.

M. DORSAN.

Cela n'eft que trop vrai. Du moins viens à mon aide,
Tu m'indiques le mal ; — montre-moi le remede.

D'ARANVILLE.

Faible jufqu'à préfent, veux-tu l'être toujours ?
Souffre, — tu n'as pas droit d'attendre mon fecours,
Frémis tu ? rougis-tu de cette dépendance,
Fruit amer & honteux d'une condefcendance,
Que je nomme tout haut pufillanimité ?—
Ecoute mes confeils avec docilité.
Suis-les, & dès ce jour, je te rends ton empire.

M. DORSAN.

Ah, parle ! il eft bien tems que mon ame refpire.

D'ARANVILLE.

Bon! — Sous un joug honteux, las de te voir fléchir,
A tel prix que ce soit je veux t'en affranchir.
Commence seulement; — je me charge du reste.

M. DORSAN.

Soit.

D'ARANVILLE.

D'abord ce secret, que tu crois si funeste,
Ta femme le saura, même sans le chercher;
Rien ne s'apprend si-tôt que ce qu'on veut cacher.
Alors ferme l'oreille aux cris de sa démence;
Respecte avec ta foi la mere de Clémence :
Car, en osant trahir un serment solemnel,
Sans devenir heureux, tu deviens criminel.
Ton silence d'abord pourra sembler étrange;
Mais enfin, c'est par lui qu'il faut que ton sort change,
Ce n'est qu'en écoutant l'honneur & l'amitié,
En cachant ton secret à ta fiere moitié,
Que tu pourras briser le joug qu'elle t'impose ; —
Clémence est le prétexte, & ton bonheur la cause.

M. DORSAN.

Je frémis des horreurs qu'elle va soupçonner.

D'ARANVILLE.

L'innocence a toujours le tems de pardonner.

M. DORSAN.

Qu'en résultera-t-il?

D'ARANVILLE.

Que ta femme, étourdie
De voir ce ton si doux qui l'avait enhardie,
Par un ton fier & mâle à la fin remplacé,
Sentira tout d'un coup que son regne est passé.

M. DORSAN.

Je prévois des fureurs, des vapeurs.

D'ARANVILLE.

Que t'importe?
Tant que de ta faiblesse elle se croira forte,
Les fureurs, les vapeurs en iront-elles moins?
A-t elle jamais eu des vapeurs sans témoins?

M. DORSAN.

Non.

D'ARANVILLE.

Jeu pur.

M. DORSAN.

De divorce elle fait des menaces;
Pourtant.

D'ARANVILLE.

C'est t'indiquer ce qu'il faut que tu fasses.

M. DORSAN.

Celui qui nous unit voudrait nous séparer!

D'ARANVILLE.

Celui qui fit le mal voudrait le réparer.
Ce divorce effrayant que tu prends au tragique,
De tes maux, à coup sûr, est le remede unique.

M. DORSAN.

M'en séparer! grands Dieux!

D'ARANVILLE.

Te voilà tout tremblant!
Ne t'en sépares pas, — mais fais-en le semblant.

M. DORSAN.

Ne pourrions-nous trouver un moyen moins sévere,
Qui, sans changer son cœur, changeât son caractere,
Et me rendît mes droits sans m'ôter son amour?
J'y tiens, — ma dureté l'éteindra sans retour,
Peut-être.

D'ARANVILLE.

C'est assez, — homme sans énergie!
Rien ne peut réveiller ton ame en léthargie.
Seize ans t'avaient appris l'effet des moyens doux;
Un parti différent nous satisfaisait tous :
Il ramenait la paix au sein de ta famille;
Il corrigeait ta femme, — & j'époufais ta fille.

M. DORSAN.

Clémence!

D'ARANVILLE.

Oui, j'eusse osé lui présenter ma foi,
Après t'avoir rendu maître absolu chez toi.
Lasse d'être haïe autant que malheureuse,
Ta femme eût abjuré son erreur douloureuse;
Bref, — un orage court nous menait tous au port;
Tu ne l'as pas voulu, — tu mérites ton sort.

(Il va pour sortir.)

G iv

M. DORSAN.

Arrête,

D'ARANVILLE.

Laisse-moi.

M. DORSAN.

Reviens, — je me résigne.
Des soins de l'amitié je veux être enfin digne :
Quoi qu'il puisse en coûter à ma femme, à mon cœur,
Je sens trop qu'il est tems d'employer la rigueur ;
Je le dois au repos de toute ma famille,
A l'ami qui veut bien se charger de ma fille :
Puisse l'occasion s'en offrir dès ce jour !

D'ARANVILLE.

Et puisse la raison dompter enfin l'amour !

M. DORSAN.

J'en fais serment.

D'ARANVILLE.

Tant mieux : agis en conséquence.
Alors, si je lui plais, j'épouse ta Clémence.
Trop heureux d'avoir fait son bonheur & le tien,
Je n'exige du reste & n'examine rien.

SCENE V.

Les Précédens, FERVAL, *accourant essoufflé.*

FERVAL.

Ici, je me doutais que vous seriez ensemble.
Tant mieux.

D'ARANVILLE.

Comme il est pâle!

FERVAL.

Eh! mais, c'est que je tremble,
D'honneur! je tremble encor!

D'ARANVILLE.

Eh bien! acheve donc?

FERVAL.

Dans l'instant. — Avant tout je voudrais mon pardon.

D'ARANVILLE.

(*Vivement.*)
De quoi? — Parleras-tu? — Voyons.

FERVAL.

De la licence
Que j'ai prise d'aller chez vous en votre absence.
Madame l'exigeait d'un ton très-absolu ;
Il a fallu vouloir tout ce qu'elle a voulu,

D'ARANVILLE.

Bon! n'est-ce que cela? Va, va, je te pardonne.
(*En riant.*)
Et qu'a-t-elle trouvé chez moi?

FERVAL.

                    Mon Dieu! personne,
Par un heureux hasard que je ne comprends pas.
Mais dans votre logis, du haut jusques en bas,
Elle a tout renversé.

M. DORSAN.
            Quelle horrible conduite!

FERVAL.

Lasse enfin de chercher; — ils auront pris la fuite,
A-t-elle dit. — Veuillez m'accompagner chez moi;
Monsieur, je rends justice à votre bonne foi,
Et vous aurez le prix promis à votre zèle.
Bref, — je viens à l'instant de la laisser chez elle.

M. DORSAN.
Son mal a tout à fait égaré sa raison.
Mais ramenons, crois-moi, Clémence en ta maison.
Pour aujourd'hui du moins, il n'est pas vraisemblable
Que ma femme y revienne.

D'ARANVILLE.
                    Elle? elle en est capable;
Mais n'importe. — Allons-y: — qu'elle vienne me
      voir,
Et morbleu je m'apprête à la bien recevoir!

FERVAL, *à M. Dorsan.*

Ah! pour votre repos cachez-lui bien Clémence,
Le portrait dirait tout.

M. DORSAN.

Je meurs d'impatience
Que nous soyons chez toi.

D'ARANVILLE.

J'y voudrais être aussi.
Viennent-ils à la fin?

FERVAL.

Mon oncle, les voici.

SCENE VI.

LES PRÉCÉDENS, EUGÉNIE, CLÉMENCE, JUSTINE, GERVAIS, BLAISOT, *ensuite* Mad. DORSAN, *qui survient.*

M. DORSAN.

Mon cher ami Gervais, bien pardon de ta peine.
Je t'enleve Clémence : avec moi je l'emmene.

JUSTINE, *à part.*

Je respire.

GERVAIS.

Monsieur, — Gervais est tout à vous.

M. DORSAN.

(*A Clémence.*)   (*A Eugénie.*)

Venez, ma chere enfant. — Toi, ma fille, suis-nous.

(*Tous les Acteurs en scene prennent le chemin de la
porte, les uns pour s'en aller, les autres pour recon-
duire ceux qui se retirent. Mad. Dorsan paraît, tout
le monde reste pétrifié.*)

FERVAL, *à part.*

Grands Dieux! tout est perdu.

M. DORSAN, *à part.*

Ma femme! je frissonne.

Mad. DORSAN.

Où conduisez-vous donc cette aimable personne,
Monsieur? C'est sûrement cet objet plein d'appas
Que vous aviez juré que je ne verrais pas.

(*Elle va à Clémence, & la prend par la main.*)

Soyez donc sans effroi. — Venez, Mademoiselle.
On ne m'a point trompée; — elle est vraiment fort belle.

EUGÉNIE.

N'est-il pas vrai, maman?

Mad. DORSAN.

Ce choix est plein de goût.
Les plus beaux yeux du monde; — enfin, parfaite en
tout.

(*Elle continue de l'examiner.*)

Mais que vois-je! quels traits! ferait-il bien possible!
Approchez. — Ah! grands Dieux! — le coup ferait
terrible.

M. D o r s a n, *à part, tandis que sa femme con-*
fronte Clémence avec le portrait.

Que n'ai-je pu prévoir ce qu'il va m'en coûter!

Mad. D o r s a n, *l'examen fait.*

Allons, pour mon malheur, je n'en puis plus douter.

d'A r a n v i l l e, *bas à M. Dorsan.*
Ferme.

Mad. D o r s a n, *à son mari.*

« Né de l'idée & de la fantaisie,
» Ce portrait n'a pas droit d'armer ta jalousie ;
» Je me voue à jamais au fort le plus fatal,
» Si l'univers entier a son original. »
Tenez, voyez, Monsieur, & jugez-vous vous-même,
Voilà le digne objet qu'appellaient tes soupirs,
Et pour qui tu formais de coupables desirs. —
Enfin, voilà le crime, & voilà les complices.

d'A r a n v i l l e.
Bien obligé.

Mad. D o r s a n.

Dis-moi, connais-tu des supplices
Qui puissent te punir, & dont la cruauté
Egale ta noirceur & ta déloyauté ?
Et vous, tendres amis, protecteurs de ses vices,
Connaissez-vous un prix digne de vos services ?
Parlez. —

d'A r a n v i l l e.
Moi, que les cris n'ont pas droit d'effrayer,

Je réponds & je dis que rien ne peut payer
Le service important que je voudrais lui rendre.
Je ne m'explique pas, — & l'on peut me comprendre;
Mais ne me mêlez point dans vos débats d'époux.

Mad. DORSAN.

Ne pas vous y mêler ! vous qui les causez tous !
Vous qui. —

D'ARANVILLE.

C'en est assez. — Vous voudrez bien, j'espere,
Ne pas trop oublier qu'un tuteur est un pere,
Et que je suis le vôtre.

Mad. DORSAN.

Oui; vous avez raison. —
De trouble, à votre gré, remplissez ma maison.
Auprès d'un faible époux calomniez sa femme :
D'insidieux conseils empoisonnez son ame ;
Soyez toujours son guide & mon persécuteur :
Je vous respecterai ; vous fûtes mon tuteur.

(*A Ferval.*)

Mais vous, Ferval, — comment avez-vous le courage,
D'aider mes ennemis à combler mon outrage ?
Qui m'eût dit qu'avec eux vous feriez de moitié ?
Pourriez-vous de ma fille avoir quelque pitié ?
Quand loin d'en accorder aux malheurs de sa mere,
Vous servez les auteurs de sa douleur amere !
Vous me croyiez chez moi, vous ne soupçonniez pas
Que je ferais si prompte à marcher sur vos pas.

Mais d'un trouble mortel mon ame était frappée,
Et mes pressentimens ne m'ont jamais trompée.
Eh bien! vous vous taisez : --- vous voilà confondu? ---

FERVAL, avec dignité.

Non, Madame ; --- on se tait quand on a répondu.
Vous pouvez m'arracher le seul bien que j'envie :
Vous pouvez à jamais empoisonner ma vie ;
Mais au moment heureux d'obtenir tant d'appas,
Que j'ose vous trahir! on ne le croira pas.

Mad. DORSAN.

Soit. Mais ne comptez plus sur la main d'Eugénie.

EUGÉNIE, à Ferval.

Là, — vous faites le mal, & moi j'en suis punie.
  (Ferval, M. Dorsan & d'Aranville la rassurent.)

Mad. DORSAN, à Gervais.

Et toi, vieillard coupable! — Ah! quelle trahison!
Devais-tu consentir à prêter ta maison? ---

GERVAIS.

Vous m'accusez aussi, Madame?

Mad. DORSAN.

                        Oui, plus qu'un autre
Ah! je vois maintenant quel manége est le vôtre!
Le maître & le valet s'entendent à ravir,
Et tu ne le sers plus que pour le mieux servir.

GERVAIS, avec une noble fermeté.

Croyez-vous avoir droit, au nom de la distance
Qui sépare de vous ma chétive existence,

De répandre fur moi l'opprobre & le mépris? —
(*A M. Dorfan.*)
Ah! Monfieur, vos bienfaits font trop chers à ce prix!
Deux fois le même jour, fans morifs légitimes,
Madame en fa fureur nous a pris pour victimes.
C'eft affez. — Viens, ma fille, en quelqu'afyle obfcur,
On eft riche par-tout, quand on a le cœur pur.

Mad. DORSAN.

Vieillard fententieux & pétri d'imprudence,
Crois-tu par tes grands mots démentir l'évidence?
Faudra-t-il qu'à mes yeux je n'ajoute plus foi?
Et cette fille, enfin, n'eft-elle pas chez toi?

GERVAIS.

Ne peut-elle, Madame, être chez moi fans crime?

CLÉMENCE.

N'ajoutez pas, Madame, au malheur qui m'opprime;
Pour venir implorer de généreux fecours,
J'ai quitté la Province où je paffais mes jours.
D'après ce que je vois, j'y voudrais être encore.

Mad. DORSAN.

Eh! qui donc êtes-vous?

CLÉMENCE.

        Madame, je l'ignore. —
Tout ce que je connais de mon fort douloureux,
C'eft que, grace à Monfieur, il fut moins rigoureux.

Mad. DORSAN.

Votre âge?

CLÉMENCE.

C L É M E N C E.

Dix-huit ans.

Mad. D O R S A N.

Et votre nom?

C L É M E N C E.

Clémence.
J'espérais le bonheur ; — mon malheur recommence,
Puisqu'à peine arrivée auprès de mon appui,
J'apporte la discorde entre sa femme & lui.

M. D O R S A N, *à son mari.*

Vous avez dix huit ans pris soin de cette fille,
Monsieur ?

M. D O R S A N, *séchément.*

Oui.

Mad. D O R S A N.

Vous devez connaître sa famille ?

M. D O R S A N.

Oui.

Mad. D O R S A N.

Ne puis-je savoir ? —

M. D O R S A N.

Non.

Mad. D O R S A N.

Mais un tel secret. - -

M. D O R S A N.

N'est pas le mien.

H

Mad. DORSAN.

Ah! ah! vous êtes bien discret.

M. DORSAN.

Je dois l'être.

Mad. DORSAN.

A qui donc tient un si grand mystere?

M. DORSAN.

A Clémence elle-même.

CLÉMENCE.

Eh bien! pourquoi le taire,
Monsieur? si cela peut calmer. —

M. DORSAN, *avec douceur.*

Paix! mon enfant.

Mad. DORSAN.

Clémence le permet.

M. DORSAN.

La raison le défend.

Mad. DORSAN.

Quel sort destinez-vous à cette Demoiselle?

M. DORSAN.

Le sort le plus heureux est le seul digne d'elle.

Mad. DORSAN.

Eh bien! pourquoi ne pas la prendre à la maison?
Est-ce encore un parti proscrit par la raison?

M. DORSAN,

La chose est impossible.

Mad. DORSAN.

Est-il possible? — Ah! traître!
J'ai donc su combiner à ma fille conduite
Le projet odieux de ton cœur corrompu,
T'enlever cher moi, — tu ne l'aurais pas pu.
Vous auriez craint tous deux, pour votre intelligence,
Ou un sort plaisant, ou ma juste vergeance.
Il en est un plus commode & plus sûr,
De chercher dans Paris quelque réduit obscur,
Qui, par les longueurs du moins, me dérobât ma prise.
Il est bien malheureux que le hasard m'envoie
Ardeur, pour déranger ce respectable plan,
Et pour rompre le fil d'un autre beau roman.
(À Clémence.)
Mais sans vous recevoir au sein de ma famille,
Je n'en aurai pas moins grand soin de vous, ma fille.

M. DORSAN.

Que dites-vous? ô ciel!

Mad. DORSAN.

Je te dis qu'avant peu,
Je t'arrache l'objet de ton coupable feu;
Qu'afin pour lui ... me ... rabaisse,
J'implore dès ce jour l'appui du Ministère.
De tes yeux vigilans ne crois pas la sauver.
Par tes soins, ... pas, je saurai la trouver,
Tu dois en être sûr; & quand tu ...

Aura subi le sort que mon cœur lui destine,
Je réclamerai bientôt le secours de la loi,
Pour briser tous les nœuds qui m'attachaient à toi.

CLÉMENCE.

O ciel! à quels affronts m'as-tu donc destinée!

M. DORSAN.

Vous menacez de nuire à cette infortunée!
Ah! Madame, ce projet est d'un cœur plein de fiel.
Qui donc l'exécuter ferait assez cruel?
(à Clémence.)
Mais, viens, & de mes bras ne crains pas qu'on
            t'arrache
A ton nom; lorsqu'enfin je voudrai qu'on le sache,
Tes plus grands ennemis fléchiront devant toi.
Pour nos nœuds, à quoi sert d'importuner la loi?
Mon cœur vole au-devant de cet heureux divorce,
Madame, & j'y souscris sans que la loi m'y force;
Mais si l'un de nous deux a droit à son secours,
Pour briser des liens, longs fléaux de mes jours,
C'est moi seul, & non pas la jalouse furie
Qui paya ma douceur par tant de barbarie.—
Quel spectacle effrayant s'offre à moi dans ces lieux!
Tourmens dans tous les cœurs, larmes dans tous les
            yeux.
Les parens, les amis, les valets & le maître,
Autour de vous, cruelle! il n'est pas un seul être,
Qui de votre fureur n'ait éprouvé les coups,

Un ami vous reſtait, — & c'était votre épouſ ;
Mais qui dans l'univers n'eut pitié de perſonne,
Mérite qu'à la fin l'univers l'abandonne.
Plus d'eſpoir de retour, il vous eſt interdit ;
Et vous vous ſouviendrez que je vous l'ai prédit.

EUGÉNIE, toute en pleurs,

Maman.—

M. DORSAN.

Venez, ma fille, & ſuivez votre pere.

D'ARANVILLE.

Bon !— Partons, ſi tu veux que cette criſe opere.

(Dorſan en s'en allant avec Clémence & les autres, ſe
retourne avec ſenſibilité vers ſa femme. Daranville
l'entraîne. Madame Dorſan n'a plus autour d'elle que
Gervais, Juſtine & Blaiſot, qui reſtent pétrifiés. Elle-
même abſorbée, & gardant un profond ſilence, reſte
quelques inſtans les bras croiſés & la tête penchée ſur
la poitrine, enſuite elle la ſouleve ; tourne languiſ-
ſamment les yeux vers le Ciel, repoſe ſon front ſur ſes
deux mains jointes, & ſort à pas lents ſans dire un
mot, dans le plus morne déſeſpoir.)

(Gervais, Juſtine & Blaiſot ſortent avec elle.)

Fin du quatrieme Acte.

ACTE V.

La Scene est chez M. d'Aranville.

(Le Théâtre représente un Sallon Cabinet, avec différentes portes latérales, donnant à l'extérieur comme dans l'intérieur de la maison. A la gauche du spectateur une grande table en forme de secrétaire, sur laquelle sont deux bougies, & tout ce qu'il faut pour écrire. D'Aranville, assis dans un fauteuil près de cette table, a la plume à la main. Enfin, assis dans un autre fauteuil, de l'autre côté de la Scene, & dans une attitude douloureuse; une main sur son front, l'autre entre les deux mains de Ferval, de bout près de lui ; Eugénie groupée, non loin de-là, & du même côté, avec Clémence qu'elle console. Tel est le tableau que doit offrir la Scene à la levée du rideau.

SCENE PREMIERE.

D'ARANVILLE, M. DORSAN, FERVAL, EUGÉNIE, CLÉMENCE, *dans les attitudes ci-dessus.*

D'ARANVILLE.

Quoi! tout vous un garder un éternel silence?

M. Dorsan.

Ah! mon cœur s'est trop fait violence.—
Non, tu n'écriras point, je n'y puis consentir.

D'Aranville.

Si j'avais cru te voir sitôt te démentir,
Si j'avais pu penser qu'un éclair de courage
Fût suivi du refus d'achever ton ouvrage,
Et que le plus ardent, le meilleur des amis,
Dût finir par se voir lâchement compromis,
Tu peux être bien sûr que cet ami fidele
N'aurait pas maintenant à rougir de son zele,
Et que loin de te plaindre, & de te secourir,
Sans pitié, sans regret, il t'eût laissé souffrir.

M. Dorsan.

Ami tendre & cruel! tu me déchires l'ame.—
Tu n'as donc pas bien lu dans le cœur de ma femme?
Tu ne conçois donc pas, que seule, sans secours,
Elle est capable, hélas! d'attenter à ses jours?

Ferval, *très-ému.*

J'irai, si vous voulez.—

D'Aranville, *séchement.*

Il n'est pas nécessaire.

Eugénie, *pleurant.*

Non, non, c'est moi.

D'Aranville.

Restez, autre bel émissaire!

H iv

Vous êtes les enfans, pleurez, — éloignez-vous.
Tu crains qu'elle n'attente à ses jours? — Entre nous,
Pour un instant, peut-être, elle en aura l'envie;
Elle est épouse & mere, elle tient à la vie.
En un mot, je prétends que ceci tourne à bien.
Qu'as-tu fait jusqu'ici? du bruit! — le bruit n'est rien.
Mais si déja son ame en est intimidée,
Sens donc qu'une démarche encor plus décidée,
Ajoutant à sa crainte & venant à propos,
Va te rendre à jamais tes droits & ton repos.

M. DORSAN.

Ce qui porte à mon cœur une atteinte cruelle,
C'est qu'enfin l'apparence était vraiment pour elle.

D'ARANVILLE, ironiquement.

Sans doute, & l'univers croira que c'est à Tours
Qu'est le dépôt secret de tes tendres amours.
Rien n'est plus vraisemblable.

M. DORSAN.

Ah! nous devions l'instruire.—

D'ARANVILLE.

Il en est encor tems; tu peux encor détruire
Le peu qu'a fait pour toi mon aveugle amitié.
Va, cours de ton tyran implorer la pitié.
Va lui dire, à genoux: — je suis un imbécille,
Qui rapporte à son joug une tête servile.
Vous me l'avez appris: je suis né pour ramper;

De mes fers, un instant, j'ai voulu m'échapper.
Vous me connaissez trop pour me croire coupable.
D'un aussi noble effort je ne suis pas capable.
J'écoutais un ami, dont les soins dangereux,
Malgré vous, malgré moi, voulaient nous rendre
   heureux ;
Aussi je l'abandonne à toute votre haine.
Punissez d'Aranville, & rendez moi ma chaîne.
Va, tu feras ainsi ta paix à mes dépens.

M. D O R S A N, tout en larmes.

C'en est trop.

D' A R A N V I L L E.

  A quoi bon les pleurs que tu répands ?
Aux femmes, aux enfans laisse ces faibles armes.
Sois homme.

M. D O R S A N.

  Ah ! je n'ai point à rougir de mes larmes ;
Elles partent d'un cœur que ta sévérité
A su conduire enfin jusqu'à la vérité.
Ecris ! —

D' A R A N V I L L E.

Bon !

M. D O R S A N, avec inquiétude.

  Mon ami ?

D' A R A N V I L L E.

  Quoi ?

M. D o r s a n, *hésitant.*

Tâche que la lettre —
Soit douce.

D'A r a n v i l l e, *s'échauffant.*

Ah! çà, mon cher, — veux-tu bien me permettre
De disposer au moins de mon style?

M. D o r s a n.

Pardon.
(*d'Aranville écrit.*)

M. D o r s a n, *après un tems, & en hésitant.*

Tu ne menaces pas d'un entier abandon,
N'est-il pas vrai?

D'A r a n v i l l e, *impatienté.*

Morbleu! veux-tu dicter toi-même?

M. D o r s a n.

Non. — Fais-la seulement souvenir que je l'aime.
Qu'elle entende raison, & que —

D'A r a n v i l l e, *en colere.*

Finiras-tu?

M. D o r s a n.

Tout est dit.

D'A r a n v i l l e, *se remettant à écrire.*

(*Un tems, il continue & dit tout haut :*)
C'est heureux. — Justice à la vertu.

Tout est fait.

M. DORSAN.

Bon ! — Voyons.

D'ARANVILLE.

Quoi ?

M. DORSAN.

Ne vas-tu pas lire ?

D'ARANVILLE, *pliant la lettre & la cachetant.*

Point du tout. — Est-ce à toi que j'ai l'honneur d'écrire ?

M. DORSAN.

Non, — mais. —

D'ARANVILLE.

C'est à ta femme ; & tu ne dois rien voir
De ce que la premiere elle a droit de savoir.
Ferval ? — sonne un des gens pour porter cette lettre.
Ah ! bon ! voici Gervais ; — il pourra la remettre.

S C E N E   I I.

LES PRÉCÉDENS; GERVAIS, *survenant.*

GERVAIS.

Avec plaisir, — Gervais ne demande pas mieux,
Et c'est pour vous servir qu'il accourt en ces lieux.

M. DORSAN.

Eh quoi! vous avez pu laisser votre maîtresse
Seule, & dans un état! —

GERVAIS.

     De bien grande détresse,
Monsieur : — mais seule ; — non ; — ma Justine &
   Blaisot,
Comme si leurs deux cœurs s'étaient donné le mot,
Ont voulu sur le champ retourner auprès d'elle.
Ils y sont tous les deux ; — fiez-vous à leur zele.

M. DORSAN, *avec un profond soupir.*

Ah! je suis plus tranquille! — Avant de s'en aller,
Qu'a-t-elle dit? — Sa rage a bien dû s'exhaler.

GERVAIS.

Pas un mot ; point de rage ; aucune violence :
Entier affaissement ; le plus morne silence.
Son œil mouillé de pleurs s'est enfin soulevé,
Et. —

D'A R A N V I L L E.

Ton récit bientôt sera-t-il achevé ?
Regarde cette lettre ; — elle est pour ta maîtresse,
Et je puis t'assurer que le message presse.

G E R V A I S, *prenant la lettre.*

Ah ! je cours.

D'A R A N V I L L E.

Un instant ; mon ami, souviens-toi
De lui dire qu'ici tu n'as trouvé que moi,
Et que tu ne sais pas où son mari peut être.
Sans quoi tout est perdu pour elle & pour ton maître.

G E R V A I S.

J'obéirai.

D'A R A N V I L L E.

Va vîte, & presse ton retour.

(*Gervais sort.*)

SCENE III.

L E S P R É C É D E N S, *excepté Gervais.*

D'A R A N V I L L E.

L'AFFAIRE, mes amis, prend le plus heureux tour.
Chacun de son côté tremble, gémit & pleure.
Le trouble, grace à moi, finira dans une heure ;
Mais silence, & que rien ne dérange mon plan.

EUGÉNIE.

Oh! moi, d'abord, pourvu qu'on me rende maman,
Je me tairai, bien sûr.

CLÉMENCE.

Et moi! moi! malheureuse!
Qui fus en peu d'instans pour vous si dangereuse,
O mon cher protecteur! obtiendrai-je de vous
Un bienfait? — Le dernier; — je l'implore à genoux.

M. DORSAN.

Levez-vous, — mon enfant, & parlez-moi sans crainte.

CLÉMENCE.

A venir en ces lieux, quand le sort m'a contrainte,
Pour prix de vos bontés, ah! je ne croyais pas
Vous porter le malheur qui s'attache à mes pas.
A peine je partis & l'on vous persécute;
Aux plus sanglans affronts je suis moi-même en butte,
L'injustice suppose un accord entre nous:
Je me croyais bien loin de faire des jaloux!
J'ai pu souffrir l'affront: mon ame est innocente;
Mais je dois l'avouer, le danger m'épouvante;
Et ces affreux cachots prêts à s'ouvrir pour moi,
Ont soulevé mon cœur en le glaçant d'effroi.

M. DORSAN, avec attendrissement.

Eh! pouvez-vous penser que je vous abandonne?

CLÉMENCE.

Non, je ne le crains pas; mais n'affligez personne.

Sauvez-moi par pitié de l'horreur des prisons.
Qu'on m'ouvre seulement l'une de ces maisons
Que doivent habiter la paix & l'innocence.
Vous avez bien des droits à ma reconnaissance ;
Mais si j'obtiens encor cette grace de vous ,
Monsieur , de vos bienfaits ce sera le plus doux.
Mon digne protecteur , achevez votre ouvrage ; —
Contentez votre épouse ; — épargnez-nous l'outrage :
Et pour faire cesser des soupçons trop cruels ,
Venez , de votre main , m'enchaîner aux autels.

M. D o r s a n , *très-ému.*

Moi ? — jamais !

C l é m e n c e.

Le couvent est mon unique asyle ,
Puisque du monde entier ma naissance m'exile.

M. D o r s a n , *avec douleur.*

Ta naissance ? — Ah ! —

C l é m e n c e.

Pardon ; — je n'en parlerai plus.
J'ai fait jusqu'à présent des efforts superflus
Pour connaître le sang qui m'a donné la vie.
Tout le monde se tait ; — j'en dois perdre l'envie.
Ensevelissez-moi dans quelqu'humble séjour ,
Que j'y pleure à jamais l'heure où je vis le jour.
Mais si vous connaissez les auteurs de mon être ,
Conduisez à leurs pieds l'enfant qu'ils ont fait naître.

Du malheur d'exister quand je vais me punir,
Que mon pere du moins consente à me benir.

M. DORSAN, *à d'Aranville.*

Dieux! voici je sens que tout mon cœur s'élance,
Je vais parle...

D'ARANVILLE.

Pourquoi te faire violence?
Est-il un intérêt plus cher, plus triomphant?
Obeis à ton cœur, & nomme, ton enfant.

M. DORSAN.

Oui, j'ai trop différé cet aveu plein de charmes. —
O ma fille! —

CLÉMENCE.

Qu'entends je!

M. DORSAN.

Objet de tant d'alarmes!
Tu demandais ton pere! eh bien! il t'est rendu.
Reçois enfin de lui le doux nom qui t'est dû.

CLÉMENCE.

Je serais votre fille!

M. DORSAN.

Oui, ma pauvre Clémence,
Oui, ton pere t'embrasse, & son bonheur commence.

CLÉMENCE.

Clémence.

Mon pere : — ah ! pour jamais le mien eſt aſſuré. —
  (*Avec le plus grand abandon.*)
Mon Dieu ! pardonnez-moi, — j'avais trop murmuré.

M. Dorsan.

Hélas ! ma chere enfant, — tu le devais peut-être ;
Tu connus l'infortune avant de te connaître :
De la néceſſité, l'impitoyable loi
Me força dix-huit ans à t'éloigner de moi.
Confiée en naiſſant aux ſoins d'une étrangere,
Tu n'as jamais joui des careſſes d'un pere :
O ma fille ! ton ſort fut long-tems douloureux,
J'en conviens ; mais, crois-moi, je fus plus malheu-
          reux :
Lorſque j'étais pour toi dans une nuit profonde,
Lorſque tu m'ignorais, je te ſavais au monde.
Ta mere, digne objet de mon premier amour,
Avait perdu la vie en te donnant le jour.
J'avais pris par penchant une ſeconde épouſe,
Et pour m'accommoder à ſon humeur jalouſe,
D'un voile impénétrable il fallut te couvrir.
Peins-toi, ſi tu le peux, ce que j'ai dû ſouffrir ;
Mais avec ton exil, mon aveuglement ceſſe :
Chere enfant, ma douceur, ou plutòt ma faibleſſe,
Ont payé trop long-tems le tribut à l'amour.
Il eſt juſte qu'enfin la nature ait ſon tour.

I

CLÉMENCE.

Ah ! je vois maintenant, & tout mon cœur m'aſſure
Qu'il exiſte, en effet, ce cri de la nature ;
Cet inſtinct, qui ſans nous, prompt à nous enflammer,
Nous indique l'objet que nous devons aimer.
Riche de vos bienfaits, au ſein de ma retraite,
J'ignorois leurs motifs ; mais une voix ſecrette,
Que j'éloignais en vain, que j'entendais toujours,
Me diſait : — Tu les dois à l'auteur de tes jours.

EUGÉNIE, à *Clémence.*

Eh bien ! c'eſt ſingulier ! — dès que je vous ai vue, —
(Pour le coup c'était bien une choſe imprévue)
La même voix m'a dit, — là, — tout auprès du cœur : —
Va vîte l'embraſſer, va vîte, c'eſt ta ſœur.

CLÉMENCE.

Les nœuds les plus ſacrés nous uniſſent enſemble.
Après de longs tourmens, le deſtin nous raſſemble :
Je retrouve un bon pere, une bien tendre ſœur ;
Mais de vivre auprès d'eux aurai-je la douceur ?
L'accueil que j'ai reçu d'une épouſe alarmée,
Me fait craindre. — Ah ! plutôt que de la voir armée
Contre l'homme ſenſible à qui je dois le jour,
A ſes regards jaloux cachez-moi ſans retour.

M. DORSAN.

N'afflige plus ton pere en parlant de retraite.

Va, tu souffris assez pour prétendre au bonheur:
Le tien est dans tes mains; ⸺ un homme plein
          d'honneur. ⸺

D'ARANVILLE.

J'en réponds.

M. DORSAN.

Vertueux.

D'ARANVILLE,

          Tout le monde doit l'être.
Passons.

M. DORSAN,

D'un très-grand bien, digne & généreux maître.

D'ARANVILLE.

Pour ses propres besoins, quand on a trop de bien,
Le superflu, de droit, est à ceux qui n'ont rien.
Passons encor.

M. DORSAN.

          Il est dans la vigueur de l'âge,
Comme de la santé.

D'ARANVILLE.

          Parce qu'il fut fort sage,

M. DORSAN,

Le ton sévere & sec.

D'ARANVILLE,

          Souvent même assez dur,

I ij

M. DORSAN.

C'eſt vrai; — mais l'eſprit droit, le cœur ſenſible
        & pur.

Enfin.

CLÉMENCE.

Eh bien! mon pere?

M. DORSAN.

(*bas à d'Aranville.*)
Eh bien! — parle toi-même.

D'ARANVILLE.

Eh bien! cet homme-là vous a vue & vous aime:
Votre pere, à vos yeux, a flatté ſon portrait;
Moi, je vais, ſans pitié, le peindre trait pour trait.
L'homme dont il s'agit eſt franc, c'eſt ſa deviſe;
Mais juſqu'à la tendreſſe il porte la franchiſe.
D'obliger, tant qu'il peut, il a l'ardent deſir;
Nul mérite à cela, — c'eſt un trop grand plaiſir.
Pour ſa femme il aura mille défauts énormes,
Car toujours du grand monde il dédaigna les formes,
Sans trop aimer le fond: — grave, jamais plaiſant,
Aimant de bonne foi; mais très-peu complaiſant.
Le premier de ſes goûts eſt d'être ſolitaire
Et libre: auſſi fut-il long-tems célibataire:
Cet état que l'on blâme eſt vraiment un tréſor,
Que peut-être ſans vous il chérirait encor.
Mais comme il ne peut pas ceſſer d'être lui-même,
Il vous épouſera, ſans changer de ſyſtême;

Et je vous promets bien que, s'il s'unit à vous,
Ce mari-là, du moins, ne sera point jaloux.

C L É M E N C E.

Vous faites estimer celui qu'on me propose.
Monsieur, en sa faveur ce portrait me dispose;
Et quoiqu'on n'ait voulu le peindre qu'à demi,
De mon pere, je crois, c'est le meilleur ami.

M. D O R S A N.

Tu ne te trompes pas; — c'est mon cher d'Aranville.

C L É M E N C E.

Il est, dans certains cas, aisé d'être docile.
Mon cœur, dès le berceau, peu fait à se trahir,
Pourra trouver encor qu'il est doux d'obéir.

M. D O R S A N, *avec joie.*

Mon ami, — tu l'entends?

D'A R A N V I L L E, *à Dorsan.*

           Et ne sais que répondre.
(*à Clémence.*)
Votre bonté, sans doute, a droit de me confondre;
(*vivement.*)
Et je — je n'entends rien au jargon doucereux;
Mais je crois qu'avec vous l'hymen peut-être heureux.

C L É M E N C E, *recevant sa main.*

J'en accepte l'augure. —

EUGÉNIE.

Oh! que je suis contente!
Tu l'es à la fois, ma sœur, & puis ma tante.
Tiens, voilà ton neveu, qui sera mon mari.

D'ARANVILLE.

Ferval? tu sais combien je t'ai toujours chéri;
Repose-toi sur moi du soin de ta fortune.

FERVAL.

Déjà votre amitié, mon Oncle, en était une.
Le bonheur vous attend dans le plus saint des nœuds;
Au lieu d'une fortune, à présent j'en ai deux!

EUGÉNIE.

Comme vous pensez bien, mon ami! Quel dommage
Que je ne puisse pas vous aimer davantage.

SCENE IV.

LES PRÉCÉDENS, GERVAIS.

GERVAIS, accourant.

A ma maîtresse, hélas! qu'avez-vous donc écrit,
Monsieur?

D'ARANVILLE.

Ce qu'il lui dit.

GERVAIS.

                    Pour lui troubler l'efprit,
Pour accabler fon cœur déja plein d'amertume ,
Si vous faviez, Monfieur, quel chagrin la confume!
Dans quel état !

M. DORSAN.

          Eh bien ! qu'a-t-elle répondu ?

GERVAIS.

Que répondre , Monfieur , quand on eft confondu !
Ecrafé fous le poids d'une douleur profonde,
On me fait pour jamais, — je n'ai plus rien au
          monde ,
A-t-elle dit; — les pleurs ont inondé fes yeux ,
Et le fatal billet.—

D'ARANVILLE.

          Elle a pleuré? tant mieux.—

Mad. DORSAN.

Tu l'as laiffée enfin ?—

GERVAIS.

          Prefque fans connoiffance.

M. DORSAN.

Grands Dieux !

GERVAIS.

          Venez, Monfieur , votre cruelle abfence ,
Si vous la prolongez , lui caufera la mort.

M. D o r s a n *veut fortir.*

Ah! courons! ——

D'A r a n v i l l e.

Refte-là , —— fans te hâter fi fort,
Ici même à l'inftant tu vas la voir paraître.

G e r v a i s, *avec* M. D o r s a n.

Mourante!

D'A r a n v i l l e.

Oui, pauvres gens, —— mourante.

S C E N E V.

L e s P r é c é d e n s, BLAISOT, *accourant.*

B l a i s o t.

AH! mon cher maître!
Voulez-vous voir Madame , ou ne voulez-vous pas?

M. D o r s a n.

Qu'entends-je! elle fe meurt.——

B l a i s o t.

Non , elle eft fur mes pas,
Et je vous en réponds , très-décidée à vivre.

Juſtine l'accompagne ; or , au lieu de les ...
Moi , j'ai pris les devans , en les v...
Et tout courant , Monſieur , je vie...

D'A R A N V I...

Ne perdons point de tems , voi... ...nible ,
Qui doit fléchir un cœur bien ... ...tant inflexible.
Il faut plus d'un inſtant pour ... guériſon :
Venez tous en ce lieu.— Dorſan , que ta raiſon
Reſpecte l'entretien qu'ici tu vas entendre ;
Ne ſonge qu'à l'effet que tu dois en attendre :
Si tu dis un ſeul mot , tu détruis ton bonheur.

M. D O R S A N.

A ne point te troubler , j'engage mon honneur.

(Ils ſe donnent la main.)

D'A R A N V I L L E.

Je ſuis content , — ſilence.—

(Tous entrent dans le Cabinet.)

SCENE VI. & derniere.

D'ARANVILLE, un moment seul, ensuite
Mad. DORSAN & JUSTINE; tous
les autres personnages cachés dans le Cabinet.

D'ARANVILLE, se mettant à son secretaire.

ALLONS, --- prenons courage;
Sagement, à sa fin, conduisons mon ouvrage.
A la raison sévere unissons la pitié;
Et ménageons l'amour en servant l'amitié.

Mad. DORSAN, arrivant une lettre à la main, &
très-émue.

Ah! Monsieur! votre cœur a-t-il pu vous permettre
De tracer l'ordre affreux que contient cette lettre?
(Elle lit.)
  « Il vous prie d'envoyer chez moi tout ce qui lui
» appartient dans une maison que vous le forcez d'aban-
» donner pour jamais. »
Et mon époux dicta cet arrêt foudroyant!

D'ARANVILLE.

Cet arrêt est tout simple & n'a rien d'effrayant,
Madame; c'est son bien que votre époux demande,
Et l'on doit obéir, quand l'équité commande.

Mad. DORSAN.

Il voudrait, sans retour, se séparer de moi?

D'ARANVILLE.

Il veut vous épargner les longueurs de la loi :
Pour rompre vos liens, encore à l'instant même,
Vous l'avez menacé de son pouvoir suprême ;
Sans quoi — jamais à vous Dorsan n'eût renoncé :
Vous qui parlez d'arrêt, — vous l'avez prononcé.

Mad. DORSAN.

Le délire où j'étais est de ceux qu'on pardonne.
Je ne m'en prends qu'à vous si Dorsan m'abandonne.
Monsieur, — à son épouse osez-vous le cacher?

D'ARANVILLE.

Eh! Madame, en ces lieux vous pouvez le chercher.
Vous en avez, dit-on, fait la visite exacte.

Mad. DORSAN, *amèrement.*

Avais-je tort, Monsieur?

D'ARANVILLE.

Oh! bien tort : — c'est un acte
Qui, joint à vos soupçons déja très-outrageans,
En blessant mon honneur, blessait le droit des gens.
Mais passons : — à présent vous supposez peut-être,
Que s'il n'est pas chez moi, du moins je dois connaître
Le lieu de sa retraite?

Mad. DORSAN, *avec autorité & toujours plus émue.*

Eh mais! — si ce n'est vous! —
Qui donc le connaîtra? — Rendez-moi mon époux.

C'est me dire en deux mots, — rendez-moi ma victime.
Non, — Madame, — il a pris un parti légitime.
Après de longs tourmens injustement soufferts,
Un esclave a raison quand il brise ses fers.
Le vôtre est libre enfin. — Souvenez-vous, au reste,
Qu'il a vécu seize ans dans cet état funeste ;
Que respectant des nœuds tissus par son ami,
Seize ans votre victime en silence a gémi ;
Mettez avec ses maux vos torts dans la balance,
Et justement punie, imitez son silence.

Mad. DORSAN, *au comble de l'émotion.*
Imitez son silence ! — ah ! je suis hors de moi. —
Quand mon époux me fuit pour suivre une autre loi ;
Quand je vois mes liens brisés avec scandale,
Je laisserais en paix triompher ma rivale ?
Non. — S'il vous plaît, Monsieur, de la favoriser,
Tout s'unit pour me plaindre & pour m'autoriser.
A prévenir l'affront que j'essuîrais par elle,
Mille appuis généreux soutiendront ma querelle.
Les épouses en foule, au Tribunal des loix,
Pour l'épouse opprimée éléveront leurs voix.
Il y va du repos, de l'honneur des familles :
J'aurai dans mon parti, les meres & les filles.
Vous serez confondus, & —

JUSTINE.
Grands Dieux ! calmez-vous,
Madame, vous veniez dans un dessein plus doux.

D'ARANVILLE.

Qui valait mieux cent fois. — Cette fureur extrême
M'ôte à jamais l'espoir de vous rendre à vous-même.
Renoncez à Dorfan; — vous ne le verrez plus.

Mad. DORSAN, *avec un cri.*

Grands Dieux ! — épargnez - moi des tourmens
    superflus.
Justine vous dit vrai. — Je ne cherchais sa trace,
Que pour tout avouer, que pour demander grace.
Oui, — j'avais fait serment d'abjurer mon erreur. —
Je ne sais quel démon m'a rendu ma fureur ;
Mais au lieu d'une femme égarée & jalouse,
Conduisez à ses pieds sa gémissante épouse.
Qu'elle puisse implorer un pardon généreux ;
Si vous la lui cachez, sera-t-il plus heureux ?
A fléchir son courroux comment puis-je prétendre,
S'il ne doit plus, hélas ! ni me voir, ni m'entendre ?

D'ARANVILLE.

Votre cœur est vraiment une énigme pour vous,
Madame, & c'est le fort de tous les cœurs jaloux,
Qui passent tour à tour de l'estime à l'outrage,
De l'amour à la haine, & du calme à l'orage.
Dorfan qui vous connaît, croira-t-il qu'un moment
Ait pu produire en vous un pareil changement ?

Mad. DORSAN.

Il ne le croira pas sans en avoir la preuve,

Sans doute ; — mais, Monsieur, qu'il me mette à
        l'épreuve
Tout le tems qu'il voudra ; mes soupçons indiscrets
N'empoisonneront plus ses jours ni ses secrets.
Sur Clémence elle-même à son gré qu'il se taise ;
Je n'en murmure point, mais du moins qu'il s'apaise,
Malgré tous mes sermens, malgré mon repentir,
Si mon cœur, un instant, vient à se démentir ;
Si ma fougeuse erreur en moi cherche à renaître ;
Qu'il m'abandonne alors, — il est toujours le maître.

D'ARANVILLE.

Ah ! vous avez raison d'avoir bien des remords ;
Mais vous ne savez pas le plus grand de vos torts.

Mad. DORSAN, avec effroi.

Parlez !

D'ARANVILLE.

Cette étrangere, aussi sage que belle,
Outragée à nos yeux d'une façon cruelle,
Dont pendant dix-huit ans en Province il eut soin,
Qui de ses yeux jamais ne dût être si loin,
Qui se crut jusqu'ici, sans parens, sans famille,
Savez-vous bien qui c'est ?

Mad. DORSAN.

Je frémis ! —

D'ARANVILLE.

C'est sa fille.

Mad. D O R S A N.

Sa fille!

D'A R A N V I L L E.

Oui, — c'eſt le fruit de ſon premier lien.

Mad. D O R S A N.

Il étaic veuf & pere, & je n'en ſavais rien!

D'A R A N V I L L E.

Avant de vous connaître, il fut l'époux d'une autre ;
S'il vous l'eût dit, Madame, eût-il été le vôtre?—
Calculez maintenant ce qu'il ſouffrit pour vous ;
Il fut malheureux pere & malheureux époux.
Victime dévouée à votre tyrannie,
Sa fille de chez lui dix-huit ans fut bannie.
Le haſard la ramene : — il craint avec raiſon
De la voir tout à coup paraître en ſa maiſon.
Pour vous deux ſa tendreſſe également diſcrete
Lui cherche, loin de vous, une honnête retraite ;
Votre inſtinct ſoupçonneux vous la fait découvrir,
Et pour elle à l'inſtant les priſons vont s'ouvrir.
Mais courez au Miniſtre : — allez, femme jalouſe,
Sa priſon eſt ici ; — Clémence eſt mon épouſe.
Mad. DORSAN, *dans l'abattement de la ſtupéfaction.*
Clémence ! — elle eſt ſa fille ? — & votre épouſe ?
            Ah ! Dieux !
Je dois être un objet exécrable à leurs yeux ;
L'eſpérance à mon cœur eſt à jamais ravie.
Pour réparer mes torts, il faut plus que ma vie.

J'ai trop bien mérité son entier abandon,
Pour avoir même droit d'implorer mon pardon.
Je le perds, — je perds tout; — que mon sort s'accomplisse.

(Elle va pour sortir.)

M. DORSAN, en dedans, avec un cri d'attendrissement.

C'est assez, c'est assez, terminons son supplice,
Et le nôtre.

Mad. DORSAN, qui s'en allait tristement, revenant
sur ses pas avec impétuosité.

Grands Dieux ! c'est lui ; j'entends sa voix.
Que je le voie au moins pour la derniere fois,
Et que je meure après.
(D'Aranville ouvre le cabinet, M. Dorsan sort, sa
femme se precipite à ses pieds, en disant,)
Ah ! Dorsan ! je succombe. —

M.   D O R S A N, la relevant.

C'est dans mon sein qu'il faut que mon épouse tombe.
Leve-toi.
Mad.   D O R S A N.

(Elle le quitte pour serrer Clémence dans ses bras.)
Mon ami ! — me pardonneras-tu ? —
J'allais persécuter ta fille & la vertu ; —
J'allais à tous ses maux joindre encore l'infamie !

M.   D O R S A N.

Commande à tes regrets ; — calme-toi, mon amie.
Mad. DORSAN.

Mad. DORSAN.

Non, jamais tant d'excès ne feront trop punis.

M. DORSAN.

Va, pour les oublier tous nos cœurs font unis,
Et moi, je fuis vengé, — fi tu veux être heureufe.

Mad. DORSAN.

Cher époux ! la voilà cette ame généreufe
Que tourmenta feize ans mon aveugle fureur.
Seize ans autour de moi je femai la terreur ;
Je vous défolai tous , & pour toute vengeance ,
Je n'éprouve de vous qu'amitié, qu'indulgence.
Ah ! fi cette leçon ne change pas mon cœur ,
(*A M. Dorfan.*)
Il mérite du tien l'éternelle rigueur.
Qu'à jamais fans pitié mon époux m'abandonne,

M. DORSAN.

Tu me rends mon bonheur, — que rien ne l'empoi-
fonne.
Et toi , — le plus prudent, le meilleur des amis,
Que ne te dois-je pas !

D'ARANVILLE.

Je te l'avais promis.
Ta femme fur ton cœur remporte une victoire
Un peu prompte,—mais sûre & nous pouvons y croire.

Mad. DORSAN.

Croyez-y :— loin de moi, j'ai rifqué dans ce jour,

K

De voir fuir à jamais la ... le Romain.

à Clémence.

C'est vous en dire a... Venez, venez, ma chere,
Pouvez être ma fille.

CLÉMENCE.

Ô Madame! ô mon pere!
Je pardonne au destin tous les maux qu'il m'a faits. —
Ils sont trop compensez par de si grands bienfaits.

Mad. DORSAN *tend la main à son mari, & dit à*
d'Arconville,

(En lui donnant la main de Clémence.
Voilà votre ouvrage, — & votre récompense.
(Elle prend ensuite la main d'Eugénie qu'elle donne à
Ferval, en lui disant,)

Monsieur, voici la vôtre.

FERVAL.

Grands Dieux!

Mad. DORSAN.

Oui, quand on pense
Comme vous, on n'est pas vertueux à demi. —
Lorsque je vous pressais de trahir votre ami,
Vous avez mieux aimé perdre votre Eugénie;
... au plus saint des nœuds qu'elle vous soit unie,
(à Eugénie.)
... aimable, en lui ... estime ton époux,
... son ... tu ... fait des jaloux.

EUGÉNIE.

Chere maman ! combien je vous fuis obligée !
Puifque de ce défaut vous voilà corrigée ;
Ce n'eft pas, comme on dit, un mal défefpéré.
  (*A Ferval.*)
Et fi je l'ai jamais, — eh bien ! j'en guérirai.

M. DORSAN.

Il fuffit ; — près de moi je veux avoir mes filles.
L'amour & l'amitié ne font pas deux familles :
C'eft chez moi qu'à jamais je fixe leur féjour.
  (*A fa femme.*)
Et toi, toi dont le cœur eft changé fans retour,
Chere ame, tu l'apprends par ton expérience ;
Le bonheur des époux eft dans la confiance.

Fin du cinquieme Acte.

PIECES DE THÉATRE

qui se trouvent

CHEZ PRAULT, IMPRIMEUR DU ROI,

Quai des Augustins, à l'Immortalité.

Par M. Dorat.

Les Deux Lettres, Dialogue ... philosophique, & sa
... intelligence?, ... deux notes en
vers. .... 1 1?

La Femme fidelle, Comédie en cinq actes, en vers, 1 10

LIVRES NOUVEAUX

Choix de Lecture pour une jeune Dame, in 12 broché. 1 4

Par M. de Cerutti

L'Aigle & le Hibou: Fable avec des notes, in 8
broché. .... I 10

Recueil de Pieces en prose & en vers in 8 broché. .... I 10

Fables choisies de John Gay, traduites en vers Fran-
çois, par M. D. M., in-8 br. .... I 10

De l'inutilité de la Langue françoise, Discours qui a remporté le prix à l'Académie de Ber-
lin, par M. le Comte de Rivarol, seconde édition
in-8. .... *

*On a tiré quelques exemplaires de ce Discours,
sur papier d'Hollande.*

Recueil de Pieces intéressantes & peu connues,
pour servir à l'Histoire & à la Littérature, par
M. de la Place, 3 vol. in-12 br. .... *

Chaque volume se vend séparément.

L'Art du Valet de Chambre à la manière de

de dreſſer un chien de plaine & diverſes re-
cettes pour guérir les chiens des maladies les
plus dangereuſes ; auquel on a joint un état
des différens rendez-vous de chaſſe du Roi &
des Princes du ſang, avec la diſtribution des
Quêtes & le placement des relais, par MM.
Des Graviers, Commandans des Veneries de
M. le Prince de Conty, in-12 br.   2

Le Nouveau Code des Tailles, avec une Table
raiſonnée ſur cette matiere. 3 gros volumes
in-12 br. 12   10

LIVRES SOUS PRESSE,

Et qui paroîtront inceſſamment.

Poëſies diverſes de M. Hoffmann, in-12, petit format.

Hiſtoire d'Ecoſſe, traduction nouvelle de l'Anglois, de
Robertſon, avec des notes, 3 vol. in-12.

Le Bonheur dans les Campagnes, in-8°.

Le tome ſecond des Ouvrages de M. Wattelet, in-8°.

Recherches Phiſiologiques & Philoſophiques ſur la ſenſibilité ou la vie animale, in-8°.